ERICH KÄSTNER

RESIGNATION IST KEIN GESICHTSPUNKT
Politische Reden und Feuilletons

Herausgegeben von Sven Hanuschek

Atrium Verlag * Zürich

Erich Kästners Werke erscheinen im Atrium Verlag in ihrer originalen Textgestalt. Die Sprache hat sich im Lauf der Jahrzehnte gewandelt, manche Begriffe werden nicht mehr oder anders verwendet.
Aus urheberrechtlichen Gründen wurde darauf verzichtet, Kästners Sprache – die eines aufgeklärten Moralisten und Satirikers – dem heutigen Sprachgebrauch anzupassen.

Erstausgabe
1. Auflage 2023
© Atrium Verlag AG, Zürich 2023: *Die Augsburger Diagnose. Kunst und deutsche Jugend; Wert und Unwert des Menschen; Über das Auswandern; Abrüstung in Bayern; Stimmen von der Galerie*
© Thomas Kästner
Alle Rechte vorbehalten

Abbildungen »Reichstags-Rommé« © Axel Springer Syndication GmbH
Umschlagmotiv: © Alfred Strobel/Süddeutsche Zeitung Photo
Umschlaggestaltung: Kathrin Steigerwald, Hamburg
Satz: Pinkuin Satz und Datentechnik, Berlin
Druck und Bindung: GGP Media GmbH, Pößneck
Printed in Germany
ISBN 978-3-85535-133-6

www.atrium-verlag.com

INHALT

Drama in Sachsen	7
Der Staat als Gouvernante	9
Diktatur von gestern	14
Friedensgas	18
Die Henker als Opfer	20
Diskrete Leiden	24
Rheinisches Allerlei und die »Rivalen«	28
Wann war der letzte Krieg?	31
Fort Douaumont, zwölf Jahre später	33
Kind und Krieg	39
Reichstags-Rommé. Jeder sein eigener Diktator	41
Streiflichter aus Nürnberg	48
Die Schuld und die Schulden	58
Ist Politik eine Kunst?	64
Die Augsburger Diagnose. Kunst und deutsche Jugend	69
Wert und Unwert des Menschen	76
»Ist Gott oder Hitler größer?«	81
Nachrichten, richtig gelesen	84
Briefe in die Röhrchenstraße	86
Über das Auswandern	93
Abrüstung in Bayern	96
»Ne pas tirer!« »Nicht schießen!«	100
Scharf eingestellt. Wenn nichts auf der Welt …	105

Scharf eingestellt. Zwei Steckbriefe 107
Stimmen von der Galerie 108
Das drohende Schmutz- und Schundgesetz.
Ein paar Beispiele? Bitte sehr! 112
Über die Ziele des PEN-Clubs 117
Resignation ist kein Gesichtspunkt 122
Von der deutschen Vergeßlichkeit 125
Ich spreche als Schriftsteller 129
Über das Verbrennen von Büchern 133
An die Studenten 144
Text für Köln. Die vorgesehene Hamburger
Volksbefragung 147
Verregnete Sonntagvormittage ... Rede vor
der Gewerkschaftsjugend 150
Erklärung für RIAS, »Kulturspiegel« 156
Soll man undankbar sein? 158
Ostermarsch 1961 159
Lesestoff, Zündstoff, Brennstoff 166
Die Einbahnstraße als Sackgasse 170
Gegen den Krieg in Vietnam 174
Dankesrede zur Verleihung des
Literaturpreises deutscher Freimaurer 176
Rede zur Eröffnung der Buchausstellung B'nai B'rith . . 182
Über die Schulen meiner Kindheit 193

Es gibt chronische Aktualitäten.
Nachwort des Herausgebers 193

Anhang 201
Editorische Notiz 203
Drucknachweise und Kommentar 206
Dank 239

DRAMA IN SACHSEN

Sommer-Idylle – Rosenthal – Knoblauchduft –: »droben singt die Nachtigall – drunten huppt ä Lämmchen …«

Im Schweizerhaus, – wo schon Goethe, – Sie wissen! – bei Gaffee un Guchen eine Damenrunde samt Sprößlingen, strickend, häkelnd, plauschend. Eben hat Klein-Baule der guten Urahne Erde eine bescheidene Rate von seinem sterblichen Teil zurückgezahlt, und die gute alte Kinderfrau müht sich um sein Höschen: »Nee, so'n hibbsches Bohbochen, so'n hibbsches Bohbochen wie'r had; – so'n hibbsches – –« murmelt der zahnlose Mund; unter zärtlichem Streicheln und Kneten, dort hinten, wo die Füchse sich Gutenacht sagen! – Sie wissen … (Staatsschutzgesetz!) –

Der mütterliche Stolz nebenan erwacht; Baulen unters Röckchen greifend, mit innigem Ausdruck: Mutterliebe; – auf und nieder, auf und nieder (– ah!): »Cha cha; d's had'r, d'r ßieße Schunge; – so'n hibbsches! Bohbochen wie'r had; – nich wahr; – so'n hibbsches! Bohbochen bloß! – – gans wie sei –«

Beinahe hätte sie gesagt – ! aber Frau Amtmann drüben hat begriffen; die liegt nun auf der Lauer, die boshafte Person! –

Nun ist die Begeisterung allgemein geworden; d'r Oddo und d'r Karle von drüben sind nun daran: »Nee, nu säh'n Se bloß! – mei Schungen sei Bohbochen! – un so rund! un so weech! – ah! –«

Mit liebenden Händen tätscheln, kosen mit inniger Gebärde alle Damen den noch unschuldigen Göhren jenen schöneren Teil des Rückens, der von der deutschen Poesie in seinen ästhetischen Reizen überhaupt nicht richtig gewürdigt wird. Leider!

Mit verzücktem Augenaufschlag, ganz Hingebung, verklärte Madonna, ergeben sich alle einem Schönheitskulte, der auch edlere Naturen hingerissen hätte. Ich werde neidisch.

Dahinein läßt sich die rostige Stimme der Frau Amtmann von dünnen Lippen vernehmen: »Awer so'n hibbsches Bohbochen wie Ihr Schunge, Frau Segrädär; un wie so'n ßießer kleener schwarzer Schude! – iewerhaupt gans wie sei Babba! –«

Tarantelgestochen fährt die Apostrophierte empor: »Awer, Frau Amtmann, was glooben Sie bloß! – Sie genn'n doch mein' Mann gornich! – Was erlooben Sie sich bloß! – ich bin Sie ganz baff! – Mei Mann is doch kee Schude nich! –«

Da prasselt die Tafelrunde durcheinander: »Awer Frou Segrädär; awer Frau Segrädär; – was Sie sich bloß uffräg'n! – so 'ne Labbalje! – Sie wär'n doch nich! – Bloß derwäg'n! ...«

Sie »wärd« aber doch! – Ganz hoheitsvoll Kriemhild, in ihrem Heiligsten (bei Ihrem Manne) gekränkt, verläßt sie hocherhobenen Hauptes, ihre Siebensachen zusammenraffend, den Schauplatz ...

Wo doch schon Goethe, Sie wissen! –

Bloß derwäg'n! – ...

1924

DER STAAT ALS GOUVERNANTE

In Berlin läuft ein russischer Film, der die Matrosenmeuterei auf einem Kriegsschiff der Schwarzen-Meer-Flotte (im Jahre 1905) zum Gegenstand hat. Seine künstlerische Geschlossenheit soll – nach dem Urteil der Kenner – vollendet, und seine Wirkung muß – da alle es hingerissen versichern – gewaltig sein. Das Reichswehrministerium verbot daraufhin den Offizieren und Mannschaften den Besuch der betreffenden Lichtspieltheater. Die deutschnationale Fraktion stellte einen Antrag, um die Darbietung des Sowjetfilms auf dem Verordnungswege zu sabotieren; und das Kabinett Luther wäre (hätte es die Himmelfahrt nicht vorgezogen) dem »patriotischen« Wunsche gewiß geneigt gewesen. Einzig die politische Krise amnestierte das Kunstwerk. Doch was diesem Zufall glückte, entschuldigt in keiner Weise das eben nur verhinderte Streben bestimmter Parteien, den Staat zum Vormundschaftsgericht seiner unmündigen Bürger zu machen.

Paris erfuhr im April einen verwandten Fall. In der Comédie Française wurde ein Drama aufgeführt, das »Das Wrack« heißt und einen General a.D. zeigt, der wissentlich von den Einkünften aus den Ehebrüchen seiner Frau lebt. Frankreichs »nationale« Kreise delirierten. In der Kammer kam es zu wilden Szenen. Die Absetzung des Schandstücks wurde schreiend gefordert. Aber der Bildungsminister, der die Aufführung, und sein Vorgänger, der die Annahme des Schauspiels zu verantworten wußte, gaben nicht nach. So schien die Niederlage des »faschisme« vollkommen, als die Autoren selbst ihr Drama der Öffentlichkeit entzogen, da sie es abscheulich fanden, daß ein Kunstwerk zu politischer Hetze mißbraucht wurde.

Ist denn der Künstler der Dekorationsmaler im Staatsgebäude? Will man sein Herz in die Uniform stecken? Wird der Fahnenmast zum Rohrstöckchen? In Spanien schleuderte kürzlich eine behördlich an der Hand geführte Prozession die Werke und die Porträts von Unamuno und Ibanez – es sind Spaniens bedeutendste und darum verbannte Autoren – ins Feuer, als gelte es, die zwei Schriftsteller in eigener Person zu verbrennen. Mit diesem Schritt ist das 20. Jahrhundert auf dem Scheiterhaufen angekommen; seine Konkurrenz mit dem Mittelalter verspricht Erfolg.

Ganz Europa hielt sich die Seiten, als im letzten Jahre Dayton in den Vereinigten Staaten gegen die Wissenschaft prozessierte und ihr den Darwinismus zu verbieten trachtete. Wozu das Gelächter! Auch Europa hat seine Affenprozesse! Und Deutschland liegt nicht nur geographisch im Herzen dieses bedenklichen Kontinents. Der Dramatiker Zuckmayer, der Maler Zille, der Schauspieler Gärtner und mancher andere werden das bestätigen können. Staat und Kleinkinderbewahranstalt sind nicht ohne weiteres dasselbe. Forschungsergebnisse, Kunstwerke, weltanschauliche Versuche mag der Staat nicht zu fördern; und nichts berechtigt ihn dazu, sie zu verhindern. Wissenschaft, Kunst, Philosophie und Religion sind Wertgebiete, die nirgends an den Staat grenzen. Wenn sie ihn kritisieren, – auch ihm soll das Recht unbenommen bleiben, sein Urteil über sie abzugeben, falls er es kann und selbst, wenn er es nicht könnte. Wissenschaft, Kunst, Philosophie haben keine Angst hiervor. Eine Staatszeitung mit kritischen Beiträgen dieser Art würde fraglos ein amüsantes Kulturdokument werden. Freilich kein Staat brächte den Mut auf, der dazu nötig ist. Doch strikte Verbote erläßt ein jeder, denn dazu bedarf es nicht des Muts, sondern der Angst.

Warum aber hat der Staat Angst vorm politischen Kunstwerk? Er sieht in ihm ein staatsgefährliches Agitationsmittel. Und ist im Irrtum. Die übliche Unterscheidung zwischen »reiner« Kunst und Tendenzwerken ist falsch; denn jedes Kunstwerk hat eine »Tendenz«. Ob diese auf dem Gebiete der Erotik, der Menschlichkeit, des Glaubens, der Phantasie oder der Politik liegt, ist einzig Sache des Künstlers, der ein Ideal bekennen oder eine Enttäuschung berichten will und muß. Sein Produkt ist entweder eine Konfession; oder es ist kein Kunstwerk. Konfessionen aber sind sakrosankt; und nur kunst- und konfessionslose Erzeugnisse darf die Zensur kassieren; doch nur die Kulturbehörde ist dazu ermächtigt, die »Schmutz und Schund« verfolgt; die politische Instanz hat auch hier keinen Zutritt und kein Recht. Fragt sie demnach nicht und braucht sie Gewalt, so benimmt sie sich anmaßend.

Noch einmal: staatsgefährliche Kunst gibt es nicht; weder für den Dichter noch fürs Publikum, sondern einzig für den »Staat« selber. Das Publikum, das die Meuterei auf einem russischen Kriegsschiff im Bilde verfolgt, wird vielleicht erschüttert, gerührt, mitleidsvoll. Wer aber käme auf die absurde Idee (unter Tausenden von Zuschauern) seinen Mantel in der Garderobe zu holen und, gleich den geschundenen Matrosen, Revolution zu machen? Wer dies täte, hätte es schon vorher gewollt. Und wer es vorher schon wollte, bedurfte des

Films nicht, um es zu tun. Daß Kunst und Demagogie nichts miteinander gemein haben, hat seinen tiefen Grund im Wesen des Kunstgenusses. Der Zuschauer, der Hörer, der Leser erlebt durch das Kunstwerk Gefühle, die ihn zu den Personen – etwa eines Dramas – in Beziehung setzen. Er liebt sie, er haßt, er verachtet, er bemitleidet sie; aber er teilt erst in zweiter Linie ihre eigenen Leidenschaften. Er besucht eine Aufführung des »Othello« und wird von der gepeinigten Liebe des Mohren zu Tränen des Mitleids gezwungen; niemals aber – er sei denn irrsinnig – dazu, seine Gattin im Bett zu erwürgen, wie es Othello tut! Der Mohr wird von Eifersucht und Liebe zum Mord gedrängt; der Herr in der Loge von Mitgefühl und Kummer zum Schneuzen, – der Unterschied sollte auffällig genug sein.

Er ist's; und er gilt, in taktvoll gezogener Parallele, für jedes Kunstwerk und für jeden, der es genießt. Vorhin wurde gefragt: Warum hat der Staat Angst vorm politischen Kunstwerk? Jetzt darf die Antwort gegeben werden; sie lautet: Diese Angst ist grundlos, die Staaten sehen Gespenster. Und es werden nicht genug wahrhafter Kunstwerke geschaffen, als daß sie dieser unklugen Gespensterfurcht geopfert werden dürften. Zensur echter Kunst ist strafenswerter Eingriff ins keimende Leben der Kultur.

Darum müßten die Paragraphen gerechter und menschenwürdiger Zensur lauten:

§ 1: Jedes Kunstwerk ist unantastbar.
§ 2: Nichtkunstwerke mit ehrlicher Tendenz sind statthaft.
§ 3: Nichtkunstwerke mit gehässigem Inhalte müssen verboten werden, da sie unter die Kategorie »Schmutz und Schund« fallen.

Nur so verlöre der Staat das Odium: Gouvernante seiner Bürger zu sein; nur so erwürbe er sich Anspruch darauf: ihr Erzieher zu werden. Dann könnte das Volk mit ihm zufrieden sein; und niemals brauchte er intolerante Maßnahmen für nötig zu halten. Denn Intoleranz und Angst sind identische Begriffe.

1926

DIKTATUR VON GESTERN

Es gibt Probleme von chronischer Aktualität. Jede Epoche hat die ihren. Sie sitzen wie Krankheiten fest, und alle Zeitgenossen zeigen sich bestrebt, sie durch »Besprechen« zu heilen. Eines Tages – nachdem sie oft jahrzehntelang wirksam waren – sind sie verschwunden. Aber sie werden von neuen Problemen, von neuen Zeitkrankheiten, abgelöst.

Eines der europäischen Nachkriegsprobleme heißt: Diktatur oder Parlamentarismus? – Daß unsere Zeit von dieser Alternative in Spannung gehalten wird, ist verständlich genug. Der Monarchismus fiel im Kriege, wenn auch nicht vor dem Feind ... Die goldenen Stühle im Staatstheater standen plötzlich leer; und manchen packte das Verlangen, sich auf ihnen niederzulassen. Er dachte: auf einem Stuhl hat auch nur Einer Platz. Und setzte sich. – So fanden Mussolini, Primo de Rivera, Pilsudski, Pangalos ihre Sitzgelegenheit. So folgte der erblichen Diktatur (Monarchie) die persönliche.

Daß dieses moderne Soldatenkaisertum beliebt ist, steht außer Frage. Bezweifelbar bleibt, ob mit tieferem Recht. Daß es Diktatoren gibt und eine Unzahl abwartender Diktaturkandidaten, ist vor allem eine Angelegenheit der Konjunktur und subjektiver Machtträume, nicht aber der historischen Konsequenz. Diktatur wurde zur ausschweifenden Mode, zur individualistischen Verschwendungssucht, deren Kosten die Völker tragen.

Griechenlands Diktator, Pangalos, ist gestürzt und gefangengenommen worden. Nicht zuletzt von denen, die ihm einst zur Macht verhalfen. Das Volk fordert fiebernd Parlament und Republik. Es hat genug von Selfmade-Monarchen. Übergenug! Eigensüchtig war er, sprunghaft, tyrannisch, charakterlos, geistig ungenügend. Er vermaß sich, für alle die Verantwortung zu tragen. Jetzt legt es ihm ein ganzes Volk als Vermessenheit aus.

Dieser Diktatorensturz ist ein Beweis neben vielen, daß Diktatur zwar noch immer gewollt, aber nicht mehr gekonnt wird. Ihre Zeit ist vorbei. Attentate, Verhaftungen, Putsche, Militärrevolten sprechen es deutlich aus. Doch schon die reine Überlegung tut das gleiche dar: Ein wahrer Diktator – einer, den das Volk ehrt und dem es wie Ein Mann gehorcht – muß, noch lebendig, zum Mythos werden. Er muß befehlen dürfen, daß man ihn anbetet; und niemanden wird es beikommen, zu lächeln. Früher war solche Ernennung zum Gott möglich. Heute?

Doch nicht nur die massenpsychologische Grundlage fehlt der modernen Diktatur und muß ihr fehlen. Auch ihre primitive Gesamtstruktur ist allzu veraltet, als daß sie dem heutigen Staat genügen kann. – Kein Auto, kein Hochhaus, kein Eisenwerk können von einem allein gebaut werden. Und kein einzelner wird es verstehen, die verschiedenen Facharbeiten, die nötig sind, mit berechtigtem Verantwortungsanspruch zu dirigieren.

Dem modernen und bekannten Begriff der Arbeitsteilung entspricht der unbekanntere der geteilten Verantwortung. Anders als geteilt ist wirkliche und wirksame Verantwortung nicht länger möglich. – Es wäre zur Not vorstellbar, daß ein einzelner Mensch ein Haus baut, wie es früher geschah. Er soll es nur bauen! Der Diktator als Erbauer und Erhalter des Staatsgebäudes ist nicht mehr konkurrenzfähig. Europa braucht eine Modernisierung der regierenden Staatsbetriebe, sonst wird es überholt und verliert seine politische Leistungsfähigkeit.

Daß dem antiquierten Prinzip der Diktatur als Ideal das Prinzip des Parlamentarismus gegenübersteht, muß kaum noch gesagt werden. Niemand bediene sich, um zu widersprechen, der üblichen abfälligen Worte, mit denen Parlamente kritisiert zu werden pflegen! Hier ist nicht von irgendeinem zufällig mangelhaften Parlamentarismus die Rede, sondern von diesem als System. Genau so, wie von der Diktatur als Typus geurteilt wurde, so daß deren Ablehnung durch den Fall Mussolini keineswegs korrigiert werden kann.

Diktatur ist heute nur noch etwas für Gemüter aus der Ritterzeit, die vom Staat interessante Unterhaltung, romantisches Blutvergießen und herrliche Siege über Nacht erwarten. Interessant und blutig pflegen ja auch diese modernen Diktaturländer zu sein. Doch man soll die Völker fragen – und nicht die neuen Ritter –, ob ihnen an der Unterhaltsamkeit des Staates mehr gelegen ist als an seiner Ordnung; ob an Revolutionen mehr als am stetigen Fortschritt; ob an Heroismus mehr als an kluger Entscheidung?

Auch in Deutschland gibt es solche Staatsromantiker. Von Zeit zu Zeit machen sie von sich reden. Sie putschen gelegentlich oder planen Putsche. Es geht ihnen alles zu langsam. Sie können bedachtsame Rede und Gegenrede, aus denen sich tatkräftiges Handeln und nützliches Gesetz ergeben, nicht vertragen. Und dieser stetige Weg vom Austausch der Worte und der Gedanken zu Entschluß und Tat ist gerade die typische Arbeitsweise des wahren Parlamentarismus. Sie wollen handeln, ohne nachzudenken. Es liegt ihnen besser. –

Nun, das Volk braucht vor ihnen nicht allzu große Angst zu haben. Diese Diktatur-Schutztruppe treibt Kostümfeste. Diese Reaktivisten trauern vergangenen Zeiten nach, da einer herrschte. Nur ruhig Blut: Leidtragende beweisen, daß der Betrauerte endgültig tot ist.

1926

FRIEDENSGAS

Das Militärkomitee der Abrüstungskommission hat schon die entzückendsten Einfälle gehabt. Man kann beinahe sagen: Sobald die Militärs in Genf zu denken anfangen, haben die andern etwas zu lachen. Doch kein Mensch wird diesen Offizieren ihre Spaßhaftigkeit ernstlich verübeln. Erstens ist Lachen gesund. Und zweitens sind diese Völkerbunds-Majore in einer verzweifelten Situation: Sie wurden nach Genf berufen, um für ihren Beruf Todesurteile zu formulieren. Das ist eine böse Zumutung! Wenn einem Direktor gesagt würde: »Organisieren Sie, bitte, Ihren Betrieb so um, daß wir Sie entlassen können«, – es wäre dasselbe.

So ist es fast verständlich, daß die Militärs in Genf die seltsamsten Vorschläge machten und daß ihre Tätigkeit, die der Abrüstung gelten soll, eher deren Hintertreibung erstrebt. Das Wort von der »Abrüstungskomödie« bezog sich lediglich auf sie, keineswegs auf den Gesamtprozeß. Denn es darf nicht vergessen werden, daß neben dem militärischen eine Reihe anderer Komitees bestehen und daß alle von der Kommission abhängen. Die militärischen Intermezzi dienen gewiß nicht zur Beschleunigung des Abrüstens; aber ihre Einfälle bedeuten auch keine direkte Gefährdung des Plans. Man braucht die Militärs als Fachleute; auf irgendwelchen

Pazifismus von ihrer Seite kann man zur Not verzichten. Er wäre ja doch nicht echt.

Im November sollen die Vorberatungen der Offiziere zu Ende gehen. Nach sechs Monaten nicht eigentlich ersprießlicher Arbeit. Dieser Tage haben die Militärs noch einmal einen Vorschlag eingebracht, der kopfschüttelnde Heiterkeit garantiert. Die uniformierten Vertreter Frankreichs, Polens und der Kleinen Entente haben – aus Furcht vor der östlichen Dampfwalze – den Wunsch geäußert: daß, im Fall einer vertragswidrigen Offensive, die übrigen Völkerbundstaaten den Verbrecherstaat mit allen Mitteln ihrer chemischen Industrie überfallen sollen.

Kürzer ausgedrückt: der Völkerbund soll den Gaskrieg zur Befreiung Europas kodifizieren. Die Offiziere scheinen zu glauben, der Völkerbund habe die Aufgabe, den Krieg zu vervollkommnen; er sei eine Schießschule und keine Organisation des Friedens. – Sie sollen über die Abrüstung nachdenken, und sie lösen statt dessen Giftgasprobleme! Ihre Gehirne sind wie ihr Beruf strukturiert: vorgestrig, rüstungsliebend. Ihre Methode der Prophylaxe: Rüsten, damit der andere keinen Krieg wagt – sie hat die Welt oft genug unter Blut gesetzt. Vor dieser Methode schaudern die Völker noch heute. Und hoffentlich für immer.

Doch man soll den Militärs nicht zürnen. Ihr Einfall wird nicht ernst genommen. – Man kann sie ein wenig begreifen und sich dabei des Sprichworts erinnern, das beinahe hierher gehört. Es heißt: »Man kann vom Büffel nichts weiter als Rindfleisch verlangen.«

1926

DIE HENKER ALS OPFER

Buchrucker: »Und so haben sie als Soldaten
empfunden und gehandelt.«

Die Kasematten des Küstriner Forts Gorgast gehören von nun an zu den historischen Sehenswürdigkeiten. Führungen werden eingerichtet werden müssen, ähnlich denen durch die Folterkeller des Mittelalters und durch die Bleikammern der Renaissance. – Bärtige Pförtner werden die Zellen schlüsselrasselnd öffnen und den Amerikanern, in komischem Pathos, von Fememorden berichten. Ochsenziemer werden sie hinter Glas zeigen, Knüppel und Eisenstangen, mit denen die Soldaten der Arbeitskommandos einander zu Tode prügelten ... Und diese musealen Spaziergänge rund durch die Scheußlichkeiten von 1923 werden einen tiefen Sinn haben und zum Bewußtsein bringen, daß es den Menschen, trotz Jahrtausenden, noch immer nicht gelang, ihr Herz zu ändern. Es blieb ihnen vorbehalten, Wüsten zu Gärten, Hütten zu Wolkenkratzern, Quadrigen zu Sechssitzern umzuzaubern – sich selber konnten sie nicht verwandeln.

Jedes Jahrhundert hatte seinen Krieg. Und jeder Krieg hatte seine Marodeure, die dem Raub und dem Mord mit Lust und Liebe anhingen. Immer gab es jene Nachzügler, die im Frieden das Blutgewerbe weitertrieben, das der Krieg zuvor staatlich konzessioniert hatte. »Vorm Feind«

war ihnen Töten zur Pflicht gemacht worden, und dann wurde es ihnen zum Bedürfnis. Auf höheren Befehl bildeten sie sich zu Mördern aus. Wer die meisten Menschen totschlug, der erhielt den höchsten Orden. – So vergaßen sie ihre Kindheit und ihre Mütter; so entwuchsen sie jeder inneren Hemmung; so gehorchten sie bald niemandem weiter als ihrem tierischen Vernichtungstrieb. – Richard Büsching, einer der flüchtigen Mörder, hat es ausgesprochen: »Manchmal, da kommt es über mich; und da muß ich eben einen erschießen.«

Diese gelernten Totschläger sind auf besondere Weise Opfer des Krieges. Ohne die von Kaisern und Königen befohlenen Schlachtfeste wären sie geblieben, was sie waren: Handwerker, Arbeiter, die am Lohntag ein wenig raufen. Da zwang man sie aus ihrer Bahn hinaus, drückte ihnen Waffen in die Hand. Und plötzlich – beim Sturmangriff, im Franktireurgefecht – spürten sie: Morden ist ein Genuß … Der Erste, den sie im »Feindesland« erschlugen, wachte in ihren Träumen noch einmal auf. Den Zehnten spießten sie bereits, wie das gewohnheitsmäßige Schmetterlingsjäger tun.

Vielleicht war mancher vor dem Krieg schon so etwas wie ein Mörder ohne Tote gewesen, ein latenter Verbrecher. Man muß sich nur einmal solch ein Gesicht betrachten: die kurze fliehende Stirn, das Bulldoggenprofil, die dicken abstehenden Ohren. Zuchtlose blinde Brutalität schlief von jeher in den meisten dieser geduckten, kräftigen Gestalten. Wer in diesen Kerls die erste Hemmung beseitigte, beseitigte deren letzte. Der Krieg ließ sie wie eine Meute auf menschliches Wild los; seitdem verfolgten sie gierig die Spur. Da half kein Halali mehr.

Schiburr, Graetz, Büsching, Fahlbusch, Vogel, Schulz – sie alle wollten von einem Kriegsende nichts hören. Man hatte sie jahrelang für ihren Mut bezahlt. Morden und Brennen war ihr Beruf geworden, den sie liebten. Ohne Krieg war es mit ihnen zu Ende. – So zogen sie mit hinauf ins Baltikum; so marschierten sie nach Oberschlesien; so rückten sie schließlich in die Grenzfestungen ein, in jene Dorados der nationalistischen Geheimnistuerei und Isolation. Hier vegetierten diese modernen Landsknechte als unsichtbare Truppe weiter. Hier gaben sie sich eigene Gesetze, die Unrecht waren, und lebten unterm Schwert wie die Banditen. Jeder war jedem verdächtig. Verräter und Spitzel konnte der Vorgesetzte sein, der Untergebene, der Stubengenosse, der Neuling – man kam sich wichtig vor; und Rechtsparteien und Militärbehörden nährten diesen lächerlichen Bedeutungswahn, der mit der Zeit aus diesen Festungen und Forts uniformierte Irrenanstalten ohne Wärter machte. – Sie alle lauerten auf einen neuen Krieg, lebten unter Ausnahmegesetzen und töteten einander nach deren ungeschriebenen Paragraphen. Es schien, als wären in diesen Kasematten wilde Tiere eingesperrt, die sich blutig bissen und erwürgten ...

Schließlich kam der grauenhafte Unfug an den Tag. Unerhörte Brutalitäten, gemeine Morde, ein ganzes System entmenschter Existenzen wurde entdeckt. Schaudernd begannen Gerichte und Ausschüsse zu untersuchen und zu strafen. Wann wird ihre Arbeit beendet sein?

Verstehen darf noch nicht heißen: Verzeihen. Man mag den Krieg, die nationalsozialistische Verhetzung und gewisse Behörden mitschuldig sprechen; man mag von Nachkriegspsychose und personaler Minderwertigkeit reden, so viel man will und so sehr es nötig ist: aber die Strafen dürfen danach nicht bemessen werden. Unkraut muß unbarmherzig gejätet werden, ehe die neue Saat heranreift.

Die Atmosphäre muß sterilisiert werden gegen jene Bakterien sinnlosen »Heldentums«, die den Organismus der Welt seit Jahrtausenden krank machen. Nur jetzt keine Sentimentalität, nur jetzt keine Milde! Es gilt die Genesung der Völker!

1926

DISKRETE LEIDEN

Außerordentliche Zustände bedingen außerordentliche Maßnahmen. Und da die Steigerung der Geschlechtskrankheiten – mit dem Kriege zeitlich und ursächlich verbunden – einen Grad erreichte, der die Volksgesundheit grenzenlos gefährdete, galt es, Mittel zu finden, die der systematischen Eindämmung dieser Epidemie dienen. Während aber jede andere ansteckende Krankheit in dem Erkrankten selber ihre besorgtesten Gegner besitzt, so daß die Angesteckten am stärksten um Heilung bemüht sind, gehört es zu den Eigenheiten Geschlechtskranker, ihre Leiden als unmoralisch zu empfinden und zu verschweigen, obwohl die Ansteckung einen natürlichen Vorgang und nur deren Verheimlichung eine unmoralische Handlung darstellen.

So unbegreiflich dem Nüchterndenkenden diese schädliche Diskretion erscheinen mag, so muß doch mit ihr gerechnet werden. Ihre Berücksichtigung führte nach etlichen Versuchen zu einem Reichsgesetz, das kürzlich angenommen wurde und am 1. Oktober in Kraft tritt. Es ist das *Gesetz zur Bekämpfung der Geschlechtskrankheiten.*

Es handelt sich tatsächlich um einen Kampf; und zwar um einen Kampf gegen Dummheit, Fahrlässigkeit und falsche Scham. Es gilt, die Gesundung der gegenwärtigen und die Gesundung der kommenden Generation zu erzwingen.

Der *Staat* hält es deshalb für sein *Recht*, den Kranken im Interesse der Allgemeinheit zur Heilung zu nötigen und den Leichtsinnigen als Verbrecher an fremder Gesundheit zu bestrafen. Und er hält es deshalb für seine *Pflicht*, die erheblichen Kosten der ärztlichen Behandlung (in einem noch nicht erörterten Quotenverhältnis) gemeinsam mit den Krankenkassen für Bedürftige zu tragen. In dem Ausschuß für Bevölkerungspolitik, der den Gesetzentwurf durchberiet, wurden Meinungen laut, die vor dieser Lösung der Kostenfrage warnten, da mit ihr ein Präzedenzfall geschaffen werde, dessen Wirkung nicht überschätzt werden könne. Denn sehr bald würden Anträge zu gewärtigen sein, die mit gleichem Recht die Gratisbehandlung anderer Seuchen forderten (Tuberkulose, Krebs usw.). Glücklicherweise fand dieses bürokratische Bedenken, das *jede* soziale Leistung verhindern möchte, da doch nicht *alle* erfüllt werden können, keine Berücksichtigung.

Daß sich der »*Gesundheitszwang*«, die Heilbehandlung als staatliche Zwangsvollstreckung überhaupt nötig machen, ist bedauerlich. Diese Notwendigkeiten beweisen, wie unmündig und wie verantwortungslos die Mehrheit des Volks in sexueller Hinsicht immer noch ist. Sogar der ebengenannte Reichstagsausschuß hat in seiner Diskussion erhärtet: wie viele Erwachsene auf diesem Gebiet Laien oder Romantiker sind. Ein Vertreter der Wirtschaftspartei erklärte: Man müsse sich eingestehen, daß eine *völlige* Beseitigung des *außerehelichen* Geschlechtsverkehrs nicht zu erreichen sei. Und ein Deutschnationaler forderte: Es müsse im Volksempfinden die Überzeugung wachgehalten werden, daß der Geschlechtsverkehr nur zwischen Eheleuten statthaft sei. – Wenn Abgeordnete des Reichstags schon mit solcher Harmlosigkeit durch die verworrene Gegenwart gehen, ist es nicht länger möglich, den »einfachen Staatsbürgern« vorwerfen zu wollen, daß ihre sexuelle Unsachlichkeit ein Kampfgesetz erforderlich machte.

Das Gesetz zur Bekämpfung der Geschlechtskrankheiten besteht aus neunzehn Paragraphen, von denen sich nur die ersten fünfzehn unmittelbar mit dem Thema befassen, während die folgenden der *Aufhebung der Bordelle* gelten. – Das Gesetz bestimmt, daß jeder Geschlechtskranke die Pflicht hat, sich von einem für das Deutsche Reich *approbierten* Arzte behandeln zu lassen. Besondere *Gesundheitsbehörden* können *verdächtige* Personen zur Beibringung von ärztlichen Zeugnissen und zur Behandlung zwingen, wenn die voraufgegangene Anzeige durch Dritte begründet und nicht anonym erfolgt ist. Wer, obwohl er krank ist, Geschlechtsverkehr ausübt, wird mit *Gefängnis* bis zu drei Jahren bestraft; und mit der gleichen Strafe, wer krank eine *Ehe* eingeht, ohne dem Partner davon Mitteilung gemacht zu haben.

Eine ganze Reihe der Paragraphen dienen der Feststellung, *wer* zur Behandlung Geschlechtskranker berechtigt ist und, vor allem, wer nicht. Diese Bestimmungen wenden sich mit Schärfe gegen das *Kurpfuschertum*, gegen die Fernbehandlung, gegen die Verbreitung entsprechender Schriften usw. Hiergegen sucht man mit Strafen bis zu einem Jahr Gefängnis auszukommen. Und das gleiche Strafmaß wird vorgesehen für Fälle, in denen wissentlich oder fahrlässig *Ammen* oder andere weibliche Personen, die geschlechtskrank sind, Kinder stillen, oder in denen Personen, die von Geschlechtskrankheit eines Kindes Kenntnis haben, dieses ohne Aufklärung in Pflege geben.

Der sechzehnte Paragraph enthält mehrere neue Absätze zum § 180 des Strafgesetzbuches: »Als *Kuppelei* gilt insbesondere die Unterhaltung eines Bordells oder eines bordellartigen Betriebes usw.« In diesem Absatz und in den folgenden ist vom 1. Oktober ab die *Kasernierung* und die pekuniäre Ausbeutung Prostituierter verboten. Von diesem Termin an ist jeder Versuch, der »Unzucht nachgehende« Personen ihrer Freizügigkeit und ihrer Erwerbseinkünfte zu berauben, strafbar. Damit tritt für das gesamte Deutsche Reich ein Zustand ein, wie er in Leipzig und anderen Städten bereits Ortsstatut ist. Wer (vom 1. Oktober ab) einer Prostituierten Wohnung gewährt, wird nur dann bestraft, wenn er damit Zuhälterei und Ausbeutung verbindet. Und die Prostituierte selber setzt sich nur dann einer Bestrafung aus, wenn sie unter gewissen Bedingungen ihrem Gewerbe nachgeht: in der Nähe von Kirchen und Schulen; in einer Wohnung, in der auch Kinder wohnen; in einer Gemeinde mit weniger als 15 000 Einwohnern, »für welche die oberste Landesbehörde zum Schutze der Jugend oder des öffentlichen Anstandes eine entsprechende Anordnung getroffen hat«.

Die gesetzliche Beseitigung der Bordellwirtschaft wird eine soziale Leistung erst dann genannt werden können, wenn es ohne Übergangszeit gelungen sein wird, die gesundheitliche Prüfung der einstigen Insassen regulär fortzuführen. Es ist erwiesen, daß dreimal mehr Frauen als Männer geschlechtskrank sind, und eine Erhöhung dieser erstaunlichen Proportion müßte unabsehbare Folgen haben.

Wenn das in diesem Artikel skizzierte Gesetz *wohlvorbereitet* in Kraft treten sollte – aber nur dann –, werden wir einen wichtigen Schritt vorwärts gekommen sein auf dem schweren Weg zu einem selbstverständlichen Ziele: zur Volksgesundheit.

1927

RHEINISCHES ALLERLEI UND DIE »RIVALEN«

Was Berlin an neuen Filmen sieht

In Deutschland ist es zur Zeit wieder einmal eine Lust, zu leben – – wenigstens in der Filmwelt. Im Rheingau, wo die Winzer manchmal über ihr wirtschaftliches Elend in Verzweiflung geraten, ist das Paradies auf Erden. Da ist egal Sonntag. Da gibt es fast nur schöne, junge Leute, die Ausflüge machen, sich tief in die Augen schauen – fast ebenso tief wie ins Glas – und den Mund, den sie auf der Flimmerleinwand ohnehin nicht zum Reden gebrauchen können, desto fleißiger zum Schmatzen verwenden.

Das sind die Sorgen der rheinischen Bevölkerung im allgemeinen, wie man sie gleich in drei Filmen vorgeführt bekommt. »Ein rheinisches Mädchen bei rheinischem Wein« heißt der eine. Hier kann kein Mißverständnis obwalten: »Schwarzseher dulde ich nicht.« Dann »Die Lindenwirtin am Rhein« – auch nicht übel. Nur darf man sie nicht mit ihrer Kollegin, der etwas allzu freimütigen und deshalb in Familienkreisen nicht gern gesehenen Wirtin an der Lahn, einer Dame mit ausgesprochener lyrischer Begabung, verwechseln. Bei der Lindenwirtin am Rhein nämlich »kehren« nicht »alle Fuhrleut' ein« – um Himmelswillen nicht! Sondern die Herren Korpsstudenten aus Bonn, bei denen Hohenzollerns aktiv zu sein pflegten.

Kommt dann noch eine Fortsetzung von »Alt-Heidelberg« hinzu, die sich betitelt »Mein Heidelberg, ich kann dich nicht vergessen«, dann ist der Kreis geschlossen. Dann haben wir die ganze Domela-Atmosphäre in Reinkultur. Für diesen Prinzen- und Müßiggänger-Schwindel können sich nur Untertanen begeistern. Es muß ihrer aber noch eine Menge in Deutschland geben – sonst könnte die Filmindustrie nicht immer wieder solches Zeug auf den Markt werfen. Das sind dieselben Leute, die hierüber jammern, daß deutsche Filme im Auslande nicht ziehen. Der einzige deutsche Film, der auch in Amerika Anklang finden könnte, ist »Der Himmel auf Erden« mit Reinhold Schünzel als Regisseur und Hauptdarsteller. Ein erfolgreicher Vorstoß in das Gebiet der Gesellschaftssatire, der auch den Parlamentarismus nicht verschont.

Mitten in diese treudeutsche Saccharinromantik platzt wie eine Granate der amerikanische Kriegsfilm »Rivalen«. Diesmal ist es dem Regisseur – er heißt Raoul Walsh und arbeitet für die Fox-Gesellschaft – geglückt, Einzelschicksale mit einem großen Gesamtgeschehen lückenlos zu verbinden. Diese beiden Helden haben keine Privatsorgen, die sie dem gewaltigen Epos des Krieges entziehen. Sie sind Berufssoldaten, Landsknechte, Glücksritter. Ihre erotischen Entspannungen scheren sich den Teufel um bürgerliche Ehr- und Ehebegriffe. Es ist eine ganz besondere Wohltat, gerade in einem amerikanischen Film eine Eheschließung so zur Hanswurstiade degradiert zu sehen, wie es hier in der französischen Etappe geschieht.

Was Liebe und Treue und Heldenbegeisterung: der Krieg ist Handwerk, nichts weiter, und dazu das Scheußlichste, was es auf Erden gibt. Das Leben des Soldaten von Beruf, des uniformierten Mörders verläuft zwischen Schlächterei, Suff und Weibern. Ein Hexensabbath ist das; eine Hölle wird losgelassen. Anders als mit diesen allergrößten Betäubungsmitteln wäre ein solches Leben gar nicht zu ertragen.

Zwischendurch kommt wohl einmal ein Augenblick der Besinnung, in dem auch die Seele einmal zu atmen wagt. Dann schreibt einer, der nicht Totschläger von Beruf ist, seinen ganzen Ekel über diese Welt nieder, die alle dreißig Jahre mit Blut gescheuert werden muß. Oder er ruft die Mütter der Welt zu einem flammenden Protest auf gegen diese größte Schande der Menschheit. Dann packt es einen jeden im Publikum, der sich ein Fünkchen Vernunft gerettet hat, und wie ein Sturm bricht die Zustimmung los, die tausendmal echter ist als aller militaristische Rummel. Dieser Film ist Kunstwerk und Bekenntnis zugleich. Wir Deutsche stehen abseits und schämen uns, daß uns Amerika so weit voraus ist, und denken mit Ingrimm an das wertlose Machwerk, das die »Ufa« als »Weltkrieg« herausgebracht hat.

1927

WANN WAR DER LETZTE KRIEG?

Die Vergeßlichkeit in Prozenten ausgedrückt

Kürzlich hat sich der Herausgeber einer lyrischen Anthologie, dem 7000 Gedichte (von 800 jungen Leuten eingeschickt) zur Auswahl vorlagen, die Mühe gemacht, in diesen Berg beschriebenen Papiers statistisch hineinzuleuchten. Es interessierte ihn festzustellen, worüber junge Menschen heutzutage Verse machen, worüber am häufigsten, worüber am wenigsten, und es ist in der Tat interessant. Natürlich besagen seine Prozentziffern nicht, daß die gesamte deutsche Jugend haargenau so orientiert sei wie die 800 Jungpoeten. Und nicht alle seine Ziffern geben Stoff zum Nachdenken.

Immerhin ist es sehr bemerkenswert, daß beispielsweise *knapp zwei Prozent* der 7000 Gedichte sich um *Politik*, Aktualität, Weltkrieg und Revolution drehen. Ich finde: Dieser niedrige Prozentsatz ist erschütternd! Dieses Resultat fügt sich exakt zu der anderen Tatsache, die mir unbegreiflich erscheint und nicht nur 800 Lyriker angeht, sondern uns alle: daß die Inflation heute schon so gut wie ganz vergessen worden ist. Tage und Wochen, ja Monate vergehen leichthin, ohne daß die Erinnerung an jene abscheuliche Vergangenheit heraufgerufen würde. Wir alle entziehen uns dadurch, daß wir wie die Stubenfliegen vergeßlich sind, der Aufgabe, unsere Kinder und Enkel vor ähnlichen Staatengreueln zu bewahren, indem wir unsere Erlebnisse an sie weiterreichen.

Mit dem Kriege ist es ja, trotz der »Kriegsliteratur«, nicht anders. Ich habe einmal während einer Eisenbahnfahrt einen Zugpassagier stundenlang beobachtet, der Remarques »Im Westen nichts Neues« las. Dieser Mann führte sich auf, als läse er ein Wilhelm Busch-Album! Er lachte laut, er schlug sich tatsächlich vor Lesevergnügen auf die Schenkel! Ihn interessierten überhaupt nur die »humoristischen« Partien des Buches, die Szenen mit dem Unteroffizier, dem Rektor, den Gänsen und Ferkeln. Der Krieg und dessen Darstellung erreichten seine Vorstellungswelt überhaupt nicht!

Die lyrische Statistik weist ferner nach: »Natur und Welt« 25 Prozent; »Religiöses und Philosophisches« 20 Prozent; »Eros« 10 Prozent – also schon 55 Prozent, die auf allgemeine Themen entfallen. Nur 14 Prozent betreffen Kollektionsstoffe (Technik, Großstadt, Politik, Soziales usw.), alles andere ist Natur- oder Personenkult.

Wir wissen noch: Der Krieg war furchtbar, er selbst und seine Folgen. Die kommende
Generation wird – an den Büchern, die wir schreiben, geschult – erklären: Der Krieg war eine gefährliche, aber große Sache. Und in fünfzig Jahren wird man gar nicht mehr wissen, daß Krieg war, und die Neugier, Romantik genannt, ist dann wieder einmal soweit!

Wir werden daran schuld sein.

1929

FORT DOUAUMONT,
ZWÖLF JAHRE SPÄTER

Es stand bei uns schon fest, bevor wir nach Paris fuhren, in Verbindung mit dieser Reise die Schlachtfelder aufzusuchen. Auf der Hinfahrt (durch Belgien, an Lüttich und Namur vorbei) war nichts allzu Auffälliges zu sehen. Erst in der Nähe von Paris, so bei St. Quentin, erblickten wir zerschossene Kirchen, zertrümmerte Häuser, Bäume ohne Wipfel und hier und da einen Bodenstreifen, der ein ausgefüllter Schützengraben sein konnte. Landschaft und Gebäude waren großenteils schon wieder »repariert«.

Auf der Rückfahrt von Paris schlugen wir eine andere Richtung ein. Wir reisten durch die Champagne, nach den Argonnen, und verließen den Zug in *Verdun*. Hatte schon die Fahrt bis zu dieser jahrelang umkämpften Festung einen viel tieferen Eindruck hinterlassen als die Tour durch Nordfrankreich, so stand uns jetzt ein Anblick bevor, den wir jedem wünschen, der gesonnen ist, den Krieg leichtfertig als eine unvermeidliche Laune der Geschichte hinzustellen, und dessen Erinnerungsvermögen nicht ausgereicht hat, vier Jahre unmenschlichen Mordens im Kopfe zu behalten. Stundenlang kann man hier im Umkreise fahren, und überall sieht es – soweit die Natur nicht mildernd eingreift – noch so aus wie in den Tagen, als Douaumont fiel. Die Bühne blieb erhalten, auf der das scheußliche Welttheater stattfand. Sie blieb so erhalten, wie man Wälder mit seltenen Tieren und Pflanzen erhält. Die Landschaft um Verdun kann, im Gegensatz zu diesen Naturschutzparken, ein »Kulturschutzpark« genannt werden. Die Schuljugend der ganzen Welt sollte man – wie früher uns in »Wilhelm Tell« – hierherführen, daß sie diese meilenweit von Granaten umgepflügte Erde sähe; die unabsehbaren Gräberreihen mit den dünnen, monotonen Holzkreuzchen; die Laufgräben und Sappen, in denen Kulturmenschen wie Wilde gekrochen sind; und nicht zuletzt die Sorte von Besuchern, die sich, in allen möglichen Stellungen, Arm in Arm wie Hochzeitspärchen, vor den Trümmern von Panzertürmen und an Stacheldraht und spanische Reiter gelehnt, photographieren lassen.

Am tiefsten erschraken wir – obwohl es wahrhaftig Schrecklicheres zu sehen gab –, als auf unserer Fahrt der Wagen das eine Mal anhielt, der Chauffeur sich umwandte, auf Gesträuch, Löwenzahn und Gestrüpp wies und erklärend hinzufügte: »C'est Fleury.«

Das war das Dorf *Fleury* ... Auch nicht ein Stein war weit und breit zu sehen! Der Boden war ganz und gar überwachsen. Lustige gelbe Blütensträucher wucherten zwischen dem jungen Grün zahlloser niedriger Büsche. Das Dorf war von der Erde wie weggefegt. Es war, wie man so schön sagt, in die Luft geflogen. Bis zum Horizont, nach allen Seiten, nichts als dichtgrüne Hügel, mit Blumenflecken und manchmal einem Schmetterling. Ein Grab, nach Kilometern zu messen.

Ein zweites Mal hielt der Wagen, und der Chauffeur sagte: »Das ist das Dorf *Douaumont*.« Und wieder sah man nichts als grüne Hügel und Sträucherwellen.

Erst eine Viertelstunde weiter tauchten Häuser auf. Das

heißt, Häuser konnte man es eigentlich nicht nennen. Es waren Hütten, aus Wellblech zusammengeflickt, das die zurückgekehrten Bauern reichlich vorfanden. Und an einem dieser Blechställe stand das Wort »Ecole«. Die Schule der zerstörten Ortschaft wurde also in einer Art Hundehütte untergebracht, während die Kriegsdenkmäler, die nicht weit davon errichtet wurden, aussehen, als hätte man sich vor Geld nicht retten können. Das »Ossuaire du Douaumont« – die Knochenkammer also, in der die Reste von unkenntlich zerfetzten Soldaten ganzer Bataillone kistenweise übereinanderstehen, ist eine turmgekrönte Riesenhalle, deren Ausmaße und Geschmacklosigkeit unentschieden wetteifern.

Davor liegt einer jener endlosen Friedhöfe, mit seinen Tausenden von Kreuzen. Und wenn man einen der Namen auf einem der Kreuze liest und nur an das eine Schicksal denkt, das hier unterbrochen wurde, und dann zum nächsten und dann zum übernächsten Kreuz tritt, so hat man einfach nicht mehr den Mut, den Blick zu heben und über die zahllosen Kreuze schweifen zu lassen, die hier nebeneinander stehen und die doch nur einen kleinen Teil des Elends und der Toten bedecken, die jener Krieg gekostet hat.

In Köln sahen wir, in der Kirche der heiligen Ursula, auch eine Knochenkammer. Die Decke und die Wände sind vergittert, und hinter ihnen erkennt man die Schulterblätter, Rippen und Schenkelknochen der dreihundert Begleiterinnen, die der Heiligen ins Unglück folgten. Und in einzelnen Glaskästen liegen, mit goldgestickten Purpurbändern umwunden, einige Frauenschädel. Die Kirche hat verstanden, ihre Märtyrer in Andacht fordernder Weise beizusetzen; sie hat es verstanden, Grauen und Glanz zu kommandieren, wenn es galt, die Massen suggestiv zu beeinflussen.

Aber diese Grabmäler, die in und um Verdun erbaut wurden, sind protzige Angelegenheiten. Und nicht das mindeste haben sie mit den Hunderttausenden zu tun, die in diesen Wäldern begraben, verscharrt und zersplittert liegen!

Am abstoßendsten und zugleich am dümmsten wirkt der architektonische Versuch der »Tranchée des bajonettes«. Hier wurde eine Kompanie französischer Infanteristen verschüttet, die in einer Sappe Gewehr über marschierte. Und noch heute ragen die Flintenläufe und die aufgepflanzten Bajonette, unheimlich und kaum erträglich, aus der Erde heraus. Diesen Anblick zu erhalten, ließ ein amerikanischer Gönner eine riesige Steinplatte darüberlegen, die auf kniehohen Sockeln ruht. Und wer die »Tranchée des bajonettes« sehen will, muß sich kauern oder bücken, als suche er einen Kragenknopf unterm Sofa.

Am besuchtesten sind die Forts. Natürlich nur diejenigen, die seinerzeit von den deutschen Armeen zerschossen und eingenommen worden sind. Denn die andern sind weiterhin verborgen gelegen und werden »für künftige Fälle« in gutem Zustande erhalten. Verdun wimmelt von Militär. Zuavenregimenter, Artillerie und Fliegertruppen herrschen vor. Ein großer Teil der Zivilbevölkerung lebt noch vom Krieg. Postkartenkioske, Autobusse und Autodroschken, die die »Battlefields« befahren, sind das wichtigste.

An den Forts steigt man aus. Soldaten kommen mit Bergwerklampen und führen die Besucher wie durch Museen. Aber was für Museen sind das! Zerschossene Betondecken, vergaste Keller, Reste von unterirdischen Schlafräumen, zerfetzte Telefonzentralen, eine kleine kümmerliche Kellerkapelle – von den Deutschen respektiert, wie der Begleitposten lobend bemerkt –, Räume mit 42-Zentimeter-Geschossen, anderen Blindgängern und riesigen aufgerissenen Granatwänden.

Welche Vorstellungen haben wir uns damals von diesen Forts gemacht, als es hieß, Vaux und Douaumont würden umkämpft und die Opferzahl sei groß? Es waren kleine Beton- und Panzergewölbe, nicht größer als die Kellerkomplexe von Mietshäusern. Kaum hundert Menschen hatten hier Platz. Das Wasser lief von den Wänden. Der Kommandant wohnte in einer Gefängniszelle. Der Arzt hauste in einem Verschlag über dem Krankenraum und mußte eine Leiter anlegen, wenn er hinauf wollte.

Und wie es hier zugegangen sein muß, wenn von innen und draußen geschossen wurde; wenn Verwundete dalagen, wenn kein Wasser mehr da war und Gasgranaten einschlugen, das ist unvorstellbar. Es gibt mehrere Dichtungen, die sich mit dem Kampf um Douaumont beschäftigen und den Irrsinn nachbilden wollen, der auf diesem Fleck Erde die Menschen schlug. In einer Novelle von Fred Hildenbrandt, erinnere ich mich, sucht ein Kriegsteilnehmer, der bei Verdun dabei war, dieses Gelände auf, verläßt nachts, während die anderen Reisenden schlafen, das Hotel, wandert zu den Forts hinaus und wird hier, noch einmal, von dem Wahnsinn gepackt, der ihn damals trieb. Er schleicht, springt auf, wirft sich hin, schreit, stöhnt, liegt still, stürmt und wiederholt alles, was er damals tat, in einem gespenstischen Anfall.

Wer heute durch dieses Gelände fährt, wird begreifen, daß dergleichen geschehen kann. Er wird sich sogar wundern, daß es nicht und nicht öfter geschieht. Und er wird sich noch mehr wundern, daß zwölf Jahre nach diesem Wahnsinnsanfall der Völker, während die Schlachtfelder noch so daliegen, wie sie seinerzeit verlassen wurden, viele Menschen vergessen haben, was damals wirklich war.

Denn, wir wollen uns ja nicht täuschen: Von den Hunderttausenden, die den Krieg heute in Kriegsromanen nachlesen, dringt den meisten die Erinnerung nicht bis ins Herz. Sie erleben Literatur als Literatur. Sie sagen: »Grauenhaft!« und denken eine Minute später an Erdbeertorte mit Schlagsahne.

So geht es nicht! Wenn doch viele mithülfen, das unsichtbare Kriegsdenkmal aufzurichten, das trotzdem alle sehen!

1929

KIND UND KRIEG

Rand der Ostsee. Mitte August. Wolfgang N., neun Jahre alt und Sohn eines pazifistischen Schriftstellers, erklärt mir: er spiele leidenschaftlich gern mit Zinnsoldaten; denn er habe eine Eisenbahn; dorthinein verlade er sein Militär; und dann führen die Soldaten nach Frankreich, um daselbst zu kämpfen. Ich frage den kleinen Wolfgang, ob er in seiner Eisenbahn nicht doch lieber Zivilisten aus Zinn verschicken wolle. – Frau N. greift in die Unterhaltung ein und schildert mir Wolfgangs Vorliebe für Militärsonderzüge. Sie habe bis jetzt den soldatischen Spieltrieb, zum Ärger ihres Mannes, leicht begünstigt.

Anschließend kommen wir einander pädagogisch. Wolfgang kaut Lakritzen. Plötzlich unterbricht er das Gespräch und fragt mich: »Haben Sie ›Im Westen nichts Neues‹ gelesen?« Ich nicke. »Ich auch«, erklärt er, Papa hat mir's gegeben. ›Kriegsfront der Frauen‹ hab' ich auch gelesen.« – »So, so«, sag' ich, »da kennst du ja mehr Kriegsbücher als ich. Und trotzdem hast du immer noch nicht genug von dem schrecklichen Krieg? Und immer noch verlädst du Soldaten und fährst sie nach Frankreich, damit sie dort kämpfen sollen?«

»Ooch«, sagt er und blinzelt in die Sonne, »das tu ich doch nur im Winter.«

Und spielt, weil Sommer ist, mit Sand. **1929**

Reichstags Rommé

Jeder sein eigener Diktator

Ein lustiges Kartenspiel für ernste Zeiten

Gezeichnet von Martin Koser, mit Versen von Erich Kästner.

Man merkt beim Anblick der acht Herrn:
LANDSBERG — S.P.D.
Karl Marx war früher mal modern.

Doch Politik ist eine Praxis,
SCHEIDEMANN — S.P.D.
wo man zum größten Teil aus Wachs is.

Daraus ergibt sich ziemlich klar:
HILFERDING — S.P.D.
Man bleibt nicht immer was man war.

Die SPD, wie dem auch sei,
SEVERING — S.P.D.
ist unsre größte Volkspartei.

Am meisten stärkt sie das Vertraun
BRAUN — S.P.D.
in Preußen durch Herrn Otto Braun.

Sie fördert ihrer Sehnsucht Schritte
LÖBE — S.P.D.
und naht der bürgerlichen Mitte.

Eine Übersicht der Kartentexte befindet sich auf Seite 45

Einst lebte man von Ruhm und Glanz
und der Bedeutung Stresemanns.

Jetzt hat man sich den Herrn von Seeckt
für alle Fälle zugelegt.

Sie sagen immer „Vaterland"
und meinen meistens „Mittelstand".

Koch schlug, was übrig war, entzwei
und nannte es: die Staatspartei.

Das wichtigste sind ihr am Staat
die Länder und das Konkordat.

Am liebsten machten diese Racker
Berlin zu einem Rübenacker.

Der Fortschritt wird noch nicht gehemmt,
bloß weil man sich dagegen stemmt.

Des Bauern Sinn ist brav und echt,
nur Politik versteht er schlecht.

Das herrlichste Parteiprogramm
steht schließlich doch vorm Gelde stramm.

SEITE 41
LANDSBERG Man merkt beim Anblick der acht Herrn:/Karl Marx war früher mal modern.

SCHEIDEMANN Doch Politik ist eine Praxis,/wo man zum größten Teil aus Wachs ist.

HILFERDING Daraus ergibt sich ziemlich klar:/Man bleibt nicht immer, was man war.

SEVERING Die SPD, wie dem auch sei,/ist unsre größte Volkspartei.

BRAUN Am meisten stärkt sie das Vertraun/in Preußen durch Herrn Otto Braun.

LÖBE Sie fördert ihrer Sehnsucht Schritte/und naht der bürgerlichen Mitte.

SEITE 42
BREITSCHEID Und machte sie auch manchen Fehler –/es wächst die Ziffer ihrer Wähler.

MÜLLER Drum schließe sich, sprach Thomas Mann,/der Bürger Hermann Müllern an.

HITLER Wer ist des Dritten Reichs Vermittler?/Das ist und bleibt der Adolf Hitler.

FRICK Im Sinn von Wotans Politik/regiert in Weimar Doktor Frick.

STRASSER Sie schimpfen auf die Rassefremden/und tragen schöne braune Hemden.

MÜNCHMEYER Im Reichstag sind sie recht beliebt,/weil's über sie zu lachen gibt.

v. EPP Sie schwärmen für den Paroxismus/und den Sozialkapitalismus.

GOEBBELS Sie heben ihre Hand zum Gruß/und sind auch sonst etwas konfus.

THÄLMANN In Rußland sitzt die große Sphinx./Die Kommunisten sitzen links.

SEITE 43
MÜNZENBERG Sie blicken auf die Weltenuhr/und warten auf die Diktatur.

NEUMANN Inzwischen aber hassen sie/die Sozialdemokratie.

PIECK Ihr Ton ist herzhaft, wenn nicht rauh,/und man erkennt sie am Radau.

KAAS Von Rom aus wird nicht nur gepredigt,/es wird auch anderes erledigt.

STEGERWALD Denn Politik ist ein Gebiet,/wohin's die Kirche mächtig zieht.

BRÜNING Herr Brüning, milde von Natur,/liebäugelt mit der Diktatur.

WIRTH Die Herde blickt gefaßt nach oben,/bereit, was auch geschieht, zu loben.

OLDENBURG JANUSCHAU Was früher war, gilt für untadlig,/man merkt es: die Partei ist adlig.

HUGENBERG Und wenn es regnet, heißt es gleich:/das gab es nicht im Kaiserreich.

SEITE 44
CURTIUS Einst lebte man von Ruhm und Glanz/und der Bedeutung Stresemanns.

v. SEECKT Jetzt hat man sich den Herrn von Seeckt/für alle Fälle zugelegt.

BREDT Sie sagen immer »Vaterland«/und meinen meistens »Mittelstand«.

KOCH WESER Koch schlug, was übrig war, entzwei/und nannte es: die Staatspartei.

EMMINGER Das wichtigste sind ihr am Staat/die Länder und das Konkordat.

LANDVOLK Am liebsten machten diese Racker/Berlin zu einem Rübenacker.

MUMM Der Fortschritt wird noch nicht gehemmt,/bloß weil man sich dagegen stemmt.

SPLITTER P. Des Bauern Sinn ist brav und echt,/nur Politik versteht er schlecht.

JOKER Das herrlichste Parteiprogramm/steht schließlich doch vorm Gelde stramm.

REICHSTAGS-ROMMÉ

Spielregeln zu unserem politischen Kartenspiel

Das Reichstags-Rommé wird mit 33 Karten gespielt. Auf 32 Karten sind die bekanntesten Abgeordneten gezeichnet, die dreiunddreißigste, der Joker, stellt das Kapital dar. Die Zahl der wiedergegebenen Abgeordneten der verschiedenen Parteien richtet sich nach der Parteienstärke im Reichstag. Die kleinsten Parteien (Bauernbund, Konservative Volkspartei) sind zu einer »Splitter«-Karte zusammengefaßt. Wir haben bei den Nationalsozialisten auch Hitler eine Karte bewilligt, obgleich er kein Reichstagsmandat hat, aber er ist doch Parteiführer!

Das Spiel wird sich am besten zu Dritt spielen. Dann erhält jeder Spieler sieben Karten. Die zwölf übrigen werden auf einen Haufen getan. Die Aufgabe für jeden Spieler besteht darin, eine Regierung zustande zu bringen, entweder eine Diktatur, die kann selbstverständlich von rechts, von links und auch von der Mitte kommen, oder eine Koalition, so die Weimarer Koalition, die große Koalition, eine rechte und eine linke Koalition usw. Sie können natürlich nur politisch mögliche Kombinationen vornehmen. Daß die Nationalsozialisten nicht mit den Sozialdemokraten paktieren können, weiß ja doch schließlich jedes Kind und ebenso, daß die Kommunisten nie und nimmer das Zentrum unterstützen werden. Sechs Karten mindestens (es dürfen auch sieben sein) bilden eine Regierung.

Es ist Bedingung, daß man bei einer Regierungsbildung mit einer der großen Parteien mindestens *einen* Führer hat, (die jeweils durch ein großes F markiert sind). Der Joker hat Führereigenschaft und darf jede Karte ersetzen. Die Spieler müssen nun abwechselnd eine Karte von dem Haufen aufnehmen und im selben Turnus eine ihnen beliebige Karte wieder ablegen. Jeder nimmt entweder – vorausgesetzt, er ist an der Reihe – eine Karte von dem Haufen oder die Karte, die sein Nachbar vor ihm fortgeworfen hat. Ist der Haufen verbraucht, so werden die abgelegten Karten neu gemischt und die Runde geht weiter, bis ein Spieler seine Regierung und seine siebente Karte aus der Hand ablegen konnte.

Wenn ein Spieler eine Regierung in der Hand hat, darf er »eröffnen«, d.h. er legt die Regierungskarten vor sich auf den Tisch und versucht, die ihm bleibende letzte Karte (die siebente) bei einer anderen Regierung loszuwerden, an ein Regierungssextett anzulegen. Wer so weit ist, hat gewonnen.

Nur noch ein Wort zu der mysteriösen siebenten Karte. Die Bestimmung, daß eine Regierung aus sechs Karten besteht, ist, wie Sie sicher schon gemerkt haben, nur eine Minimalbestimmung. In dem Augenblick, wo Sie eine Regierung von mindestens sechs Karten auflegen konnten, geben Sie den Gegnern die Möglichkeit, Ihre Regierung zu erweitern. Aber so einfach und so leicht ist es nun wieder nicht. Man kann nur an eine fremde Regierung anlegen, wenn man selbst eine Regierung aufgelegt hat. Wenn Sie alle sieben Karten in der Hand zu einer Regierung vereinen können, haben Sie natürlich nicht mehr die Schwierigkeit, eine fremde Regierung für Ihre siebente Karte zu suchen.

1930

STREIFLICHTER AUS NÜRNBERG

Nürnberg, 22. November 1945
Autobahn München–Nürnberg ... Wir fahren zur Eröffnung des Prozesses gegen die Kriegsverbrecher. Einige der Verteidiger hatten beantragt, den Verhandlungsbeginn noch einmal zu verschieben. Der Antrag wurde abgelehnt. Morgen früh ist es so weit ... Herbstnebel hängen auf der Straße und über den Hügeln. Die Sonne schimmert vage am Himmel wie hinter einer Milchglasscheibe. In den kahlen, toten Äckern hocken die Krähen ...

Wenn ich als Kind in der Schule von Kriegen und Siegen zu hören bekam – und unsere Schulstunden waren ja mit Usurpatoren, Feldherren und dergleichen vollgestopft wie überfüllte Straßenbahnen –, hatte ich stets den gleichen Gedanken. Ich dachte: »Wie haben diese Kriegsherren nur nachts in den Schlaf finden können?« Ich sah, wie sie sich ruhelos auf ihren Lagern wälzten. Ich hörte sie im Traum und Halbschlaf stöhnen und beten. Die Reihen der Gefallenen zogen blutig durch ihre Schlösser und Purpurzelte ... Dabei schliefen diese Mordgrossisten wie die Murmeltiere!

Am Straßenrand hält ein amerikanischer Militärlastwagen. Ein Neger wirft Kistenholz in ein offenes Feuer. Ein paar Frauen und eine Horde Kinder wärmen sich und lachen ...

Morgen soll nun gegen vierundzwanzig Männer Anklage

erhoben werden, die schwere Mitschuld am Tode von Millionen Menschen haben. Oberrichter Jackson, der aus Amerika entsandte Hauptankläger, hat erklärt: »Sie stehen nicht vor Gericht, weil sie den Krieg verloren, sondern weil sie ihn begonnen haben!« Ach, warum haben die Völker dieser Erde solche Prozesse nicht schon vor tausend Jahren geführt? Dem Globus wäre viel Blut und Leid erspart geblieben …

Aber die Menschen sind unheimliche Leute. Wer seine Schwiegermutter totschlägt, wird geköpft. Das ist ein uralter verständlicher Brauch. Wer aber Hunderttausende umbringt, erhält ein Denkmal. Straßen werden nach ihm benannt. Und die Schulkinder müssen auswendig lernen, wann er geboren wurde und wann er friedlich die gütigen Augen für immer schloß …

Einen einzigen Menschen umbringen und hunderttausend Menschen umbringen, ist also nicht dasselbe? Es ist also ruhmvoll? Nein, es ist nicht dasselbe. Es ist genau hunderttausendmal schrecklicher! – Nun werden die vierundzwanzig Angeklagten sagen, sie hätten diese neue, aparte Spielregel nicht gekannt. Als sie ihnen später mitgeteilt wurde, sei es zu spät gewesen. Da hätten sie nicht aufhören können. Da hätten sie wohl oder übel noch ein paar Millionen Menschen über die Klinge springen lassen müssen …

Es sind übrigens nicht mehr vierundzwanzig Angeklagte. Ley hat sich umgebracht. Krupp, heißt es, liegt im Sterben. Kaltenbrunner hat Gehirnblutungen. Und Martin Bormann? Ist er auf dem Wege von Berlin nach Flensburg umgekommen? Oder hat er sich, irgendwo im deutschen Tannenwald, einen Bart wachsen lassen und denkt, während er die Zeitungen liest: »Die Nürnberger hängen keinen, sie hätten ihn denn«?

Ein mit Dung beladener Ochsenkarren stolpert durch

den Nebel. Die Räder stecken bis zur Nabe in weißlich brauendem Dampf. Und drüben, mitten im Feld, ragen ein paar Dutzend kahler, hoher Hopfenstangen in die Luft. Es sieht aus, als seien die Galgen zu einer Vertreterversammlung zusammengekommen ...

*

Dienstag morgen. Das Nürnberger Justizgebäude ist in weitem Umkreis von amerikanischer Militärpolizei abgesperrt. Nur die Menschen, Autos und Autobusse mit Spezialausweisen dürfen passieren. Vorm Portal erneute Kontrolle. Neben den Stufen des Gebäudes zwei Posten mit aufgepflanztem Bajonett. Aus den Autobussen und Autos quellen Uniformen. Russen, Amerikaner, Franzosen, Engländer, Tschechoslowaken, Polen, Kanadier, Norweger, Belgier, Holländer, Dänen. Frauen in Uniformen. Die Russinnen mit breiten goldgestreiften Achselstücken. Journalisten, Fotografen, Staatsanwälte, Rundfunkreporter, Sekretärinnen, Dolmetscher, Marineoffiziere mit Aktenmappen, weißhaarige Herren mit Baskenmützen der englischen Armee und kleinen Schreibmaschinen, deutsche Rechtsanwälte mit Köfferchen, in denen sie die schwarzen Talare und die weißen Binder tragen ...

Im Erdgeschoß ist scharfe Kontrolle. Im ersten Stock ist scharfe Kontrolle. Im zweiten Stock ist zweimal scharfe Kontrolle. Mancher wird, trotz Uniform und Ausweisen, zurückgeschickt.

Endlich stehe ich in dem Saal, in dem der Prozeß stattfinden wird. In dem einmal, Jahrhunderte später, irgendein alter, von einer staunenden Touristenschar umgebener Mann gelangweilt herunterleiern wird: »Und jetzt befinden Sie sich in dem historischen Saal, in dem am 20. November des

Jahres 1945 der erste Prozeß gegen Kriegsverbrecher eröffnet wurde. An der rechten Längsseite des Saals saßen, vor den Fahnen Amerikas, Englands, der Sowjetrepublik und Frankreichs, die Richter der vier Länder. Der hohe Podest ist noch der gleiche wie damals. An der gegenüberliegenden Wand, meine Herrschaften, saßen die zwanzig Angeklagten. In zwei Zehnerreihen hintereinander. Hinter ihnen standen acht Polizisten der ISD in weißen Stahlhelmen. ›Stahlhelm‹ wurde im zwanzigsten Jahrhundert eine Kopfbedeckung genannt, die man in den als ›Krieg‹ bezeichneten Kämpfen zwischen verschiedenen Völkern zu tragen pflegte. Links neben mir können Sie, unter dem Glassturz auf dem kleinen Tisch, einen solchen Stahlhelm besichtigen. Vor der Estrade der Angeklagten, welche noch immer die gleiche wie im Jahre 1945 ist, saßen etwa zwanzig Rechtsanwälte. An der vor uns liegenden Schmalseite des holzgetäfelten Raumes saßen die Anklagevertreter der Vereinten Nationen. Wo Sie, meine Damen und Herren, jetzt stehen, befanden sich damals die Pressevertreter der größten Zeitungen und Zeitschriften, Agenturen und Rundfunksender der Welt. Vierhundert Männer und Frauen, deren Aufgabe es war …«

Ja, so ähnlich wird der alte Mann dann reden. Hoffentlich. Und die Touristen der ganzen Welt werden ihm zuhören und den Kopf schütteln, daß es einmal etwas gab, was »Krieg« genannt wurde …

*

Die Scheinwerfer an der Balkendecke strahlen auf. Alle erheben sich. Die Richter erscheinen. Die beiden Russen tragen Uniform. Man setzt sich wieder. Die Männer in der eingebauten Rundfunkbox beginnen fieberhaft zu arbeiten. Aus fünf hoch in den Wänden eingelassenen Fenstern beugen sich Fotografen mit ihren Kameras vor. Die Pressezeichner nehmen ihre Skizzenblocks vor die Brust. Der Vorsitzende des Gerichts eröffnet die Sitzung. Dann erteilt er dem amerikanischen Hauptankläger das Wort. Die meisten Zuhörer nehmen ihren Kopfhörer um. Ein Schalter an jeder Stuhllehne ermöglicht es, die Anklage, durch Dolmetscher im Saal sofort übersetzt, in englischer, russischer, deutscher oder französischer Sprache zu hören. Auch die Angeklagten bedienen sich des Kopfhörers. Amerikanische Soldaten sind ihnen behilflich. Und während so die Anklage, welche die Welt den zwanzig Männern entgegenschleudert, viersprachig durch die Drähte ins Ohr der einzelnen dringt, ist es im Saal selber fast still. Die Stimme des Anklägers klingt, als sei sie weit weg. Die Dolmetscher murmeln hinter ihren gläsernen Verschlägen. Alle Augen sind auf die Angeklagten gerichtet ...

Göring trägt eine lichtgraue Jacke mit goldenen Knöpfen. Die Abzeichen der Reichsmarschallwürde sind entfernt worden. Die Orden sind verschwunden. Es ist eine Art Chauffeurjacke übriggeblieben ... Er ist schmaler geworden. Manchmal blickt er neugierig dahin, wo die Ankläger sitzen. Wenn er seinen Namen hört, merkt er auf. Dann nickt er zustimmend. Oder wenn der Ankläger sagt, er sei General der SS gewesen, schüttelt er lächelnd den Kopf. Zuweilen beugt er sich zu seinen Anwälten vor und redet auf sie ein. Meist ist er ruhig.

Rudolf *Heß* hat sich verändert. Es ist, als sei der Kopf halb so klein geworden. Dadurch wirken die schwarzen Augenbrauen geradezu unheimlich. Wenn er mit Göring oder Ribbentrop spricht, stößt er ruckweise mit dem Kopf. Wie ein Vogel. Sein Lächeln wirkt unnatürlich. Sollte es in diesem Kopf nicht mehr richtig zugehen?

Joachim von *Ribbentrop* sieht aus wie ein alter Mann. Grausträhnig ist sein Haar geworden. Das Gesicht erscheint faltig und verwüstet. Er spricht wenig. Hält das Kinn hoch, als koste es ihn Mühe. Als ihn ein Polizist kurz aus dem Saal und dann wieder zurückbringt, bemerkt man, daß ihm auch das Gehen schwerfällt.

Auch *Keitel* ist etwas schmäler geworden. Er sitzt, in seiner tressenlosen Uniformjacke, grau mit grünem Kragen, ernst und ruhig da. Wie ein Forstmeister.

Alfred *Rosenberg* hat sich nicht verändert. Seine Hautfarbe wirkte immer schon kränklich. Manchmal zupft er an der Krawatte. Sehr oft fährt er sich mit der Hand übers Gesicht. Die Hand allein verrät seine Nervosität.

Neben ihm sitzt Hans *Frank*, der ehemalige Generalgouverneur von Polen. Manchmal zeigt er die blitzenden Zähne. Dann verzieht ein zynisches stummes Lachen die scharfen Züge. Warum lacht er so ostentativ vor sich hin? Die Zuschauer kennen keinen Grund, den er hier zum Lachen hätte. Er spricht auch viel mit seinen Nachbarn, deren einer *Rosenberg* und deren zweiter Wilhelm *Frick* ist. *Frick* wirkt kräftig, gesund und temperamentvoll. Sein Gesicht sieht braungebrannt aus. Wie er zuhört, wie er mit den Nachbarn spricht, wie er mit den Anwälten redet – alles verrät eine überraschende Energie.

Die Energie des Mannes neben ihm scheint weniger echt. Es ist Julius *Streicher*. Oft zuckt sein rechter Mundwinkel nervös zur Seite. Und unmittelbar danach zuckt sein rechtes Auge zusammen. Immer wieder und wieder.

Dann kommt Walter *Funk*. Klein, molluskenhaft, mit seinem blassen häßlichen Froschgesicht. Neben ihm, aufrecht, ruhig, reserviert, ablehnend Hjalmar *Schacht*. Als letzter der ersten Reihe. Hinter Göring und Heß sitzen *Dönitz* und

Raeder, die beiden ehemaligen Großadmiräle. In blauen Jakketts. Das Gold ist verschwunden. Dönitz sieht verkniffen aus. Ruhig sind beide.

Baldur *von Schirachs* Gesicht ist bleich und bedrückt. Er wirkt wie ein schlecht vorbereiteter Abiturient im Examen. Daneben *Sauckel*, ein kleiner rundköpfiger Spießer. Mit einem Schnurrbart unter der Nase, wie ihn sein Führer trug.

Jodl bemerkt man kaum. Nur wenn er gelegentlich die Brille abnimmt, fällt er, lediglich durch die Handbewegung, ins Auge. Neben ihm, weißhaarig und soigniert, leicht im Stuhl zurückgelehnt, ein Bein übers andere geschlagen, Herr *von Papen*.

Dann *Seyß-Inquart*, dünn, groß, fahrig. Unsicher. Das Haar wirr und gesträubt. Neben ihm, ruhig wie Papen, ablehnend wie Schacht, weißhaarig, seiner scheinbar sicher: Konstantin *von Neurath*.

Und als letzter der zweiten Reihe, und damit als letzter der Zwanzig überhaupt, Hans *Fritsche*, der ölige Rundfunkprediger des Dritten Reiches. Blaß. Schmal. Nervös. Aber sehr aufmerksam und bei der Sache.

*

Dem amerikanischen Hauptankläger folgt der französische. Er bringt vor, welche Untaten das westliche Europa den Kriegsverbrechern zur Last legt. Mord an Kriegsgefangenen, Mord an Geiseln, Raub, Deportation, Sterilisation, Massenerschießungen mit Musikbegleitung, Folterungen, Nahrungsentzug, künstliche Krebsübertragungen, Vergasung, Vereisung bei lebendigem Leibe, maschinelle Knochenverrenkung, Weiterverwendung der menschlichen Überreste zur Dünger- und Seifengewinnung ... Ein Meer von Tränen ... Eine Hölle des Grauens ... Um zwölf ist Mittagspause. In den Gängen wimmelt es von Journalisten, Talaren, Sprachen, Uniformen. Da – ein bekanntes Gesicht! »Grüß Gott!« »How do you do!«

Meine erste Frage ist: »Wen in diesem Jahrmarktstreiben kennen Sie? Die Leser unseres Blattes. Sie verstehen …« Der andere versteht. Wozu ist er Journalist!

»Also: der große Mann dort drüben, ja, der in Uniform, mit dem Mondschein im Haar, ist John *Dos Passos*. Der berühmte Romanschriftsteller. Er ist für die New Yorker Zeitschrift ›Life‹ nach Nürnberg gekommen … Die Amerikanerin mit dem schmalen Kopf und dem dunklen, glatt anliegenden, kurz geschnittenen Haar ist Erika *Mann*, die Tochter Thomas Manns. Sie ist für die Londoner Zeitung ›Evening Standard‹ hier. Und für eine amerikanische Zei… Halt, sehen Sie den Engländer dort? Den mit der Hornbrille, ganz recht! Das ist Peter *Mendelsohn*. Vor 1933 war er ein deutscher Schriftstel… ach, das wissen Sie natürlich … Jetzt schreibt er seine Romane englisch … Seine Prozeßberichte gehen an den ›New Statesman‹ in London und an die ›Nation‹ in Amerika. Wer sonst noch? … Die beiden am Fenster sind Howard Smith von der New Yorker Rundfunkgesellschaft CBS und William Shirer; er war bis kurz vorm Krieg in Berlin und schrieb dann drüben einen Bestseller, unter dem Titel ›Berlin Diary‹. Ferner – hallo, Irvin!« Zu mir: »Pardon!« Fort ist er.

*

Kurz vor zwei Uhr füllt sich der Saal wieder. – Jetzt erteilt der Vorsitzende dem russischen Hauptankläger das Wort. Dieser verliest die Anklagen, welche die östliche Welt vorzubringen hat. Wieder Millionen mutwillig umgebrachter Menschen. Wieder Verstoß um Verstoß gegen die Haager

Bestimmungen aus dem Jahre 1907. Wieder eine Hölle ... Wieder ein Abgrund ...

Später kommt der englische Hauptankläger an die Reihe. Er verliest einzelne Anklagepunkte, die den zwanzig Angeklagten im besonderen gelten. Sie hören gelassen zu. Manche haben die Kopfhörer beiseite gelegt und starren trübe oder gleichgültig vor sich hin.

Dann ist es fünf Uhr. Die Sitzung wird aufgehoben. Die Angeklagten stehen noch ein wenig herum und sprechen mit ihren Anwälten. Dann verschwindet einer nach dem anderen, gesondert eskortiert, hinter der braunen Tür, die ins Gefängnis zurückführt. Morgen ist auch noch ein Tag ...

Und ich gehe, an den vielen Kontrollen vorbei, jedesmal wieder kontrolliert, aus dem historischen Gebäude hinaus. Das Herz tut mir weh, nach allem, was ich gehört habe ...

Und die Ohren tun mir auch weh. Die Kopfhörer hatten eine zu kleine Hutnummer.

*

Heimfahrt auf der Autobahn. Der Nebel ist noch dicker geworden. Man könnte ihn schneiden. Der Wagen muß Schritt fahren. Ich blicke aus dem Fenster und kann nichts sehen. Nur zähen, milchigen Nebel ...

Jetzt also sitzen der Krieg, der Pogrom, der Menschenraub, der Mord en gros und die Folter auf der Anklagebank. Riesengroß und unsichtbar sitzen sie neben den angeklagten Menschen. Man wird die Verantwortlichen zur Verantwortung ziehen. Ob es gelingt? Und dann: es muß nicht nur diesmal gelingen, sondern in jedem künftigen Falle! Dann könnte der Krieg aussterben. Wie die Pest und die Cholera. Und die Verehrer und Freunde des Kriegs könnten aussterben. Wie die Bazillen.

Und spätere Generationen könnten eines Tages über die Zeiten lächeln, da man einander millionenweise totschlug.

Wenn es doch wahr würde! Wenn sie doch eines Tages über uns lächeln könnten!

1945

DIE SCHULD UND DIE SCHULDEN

Als ich mich im Herbst 1938, nach einem kurzen Besuch in London, von meinem englischen Übersetzer verabschiedete, sagte er, nicht ohne Galgenhumor: »So, und wenn Sie wieder in Berlin sind, schießen Sie, bitte, Ihren Verrückten tot!«

Das war zur Zeit des Einmarsches im »Sudetenland« gewesen. Wir hatten wiederholt in größerem Kreise zusammengesessen: Engländer, Emigranten, amerikanische Kaufleute: auch Brandon Bracken, damals noch Churchills Privatsekretär, war einmal dabeigewesen. Und über »meinen Verrückten«, Adolf Hitler, hatte nur eine Meinung geherrscht.

Ich fuhr zurück und schoß ihn bekanntlich nicht tot. Das lag zum kleineren Teil daran, daß er mich nicht zu sich einlud. Die ausländischen Diplomaten und Journalisten, die ihn besuchen und mit ihm sprechen durften, schossen ihn bekanntlich auch nicht tot. Die Menschheit besteht zum größeren Teil aus Leuten, die »ihre Verrückten« nicht totschießen. Oder erst, nachdem einige Millionen anderer Menschen und die meisten von ihnen selber totgeschossen, totgeschlagen oder sonstwie zu Tode gebracht worden sind.

Das ist zweifellos ein Fehler der Menschen. Ihr folgenschwerster Fehler. Ihre größte Schuld. Sie geben sich immer wieder dazu her, im Kriege Zeitgenossen zu töten, die sie nicht kennen und die ihnen nicht das geringste getan haben. Aber ihre »Verrückten«, die sie kennen und die ihnen so viel antun, die schießen sie nicht tot. Ich habe einmal ein ziemlich langes Gedicht darüber geschrieben. Es erschien im Jahre 1932. Aber getan? Getan habe ich es nicht. Viele, viele Tausende haben in Deutschland gesagt: »Man müßte es tun. Man sollte es tun.« Und wie wenige haben es, vergeblich, versucht.

Dieser Tage ist nun durch die Reihen von Millionen seelisch und körperlich abgewrackter, bettelarmer, zu Zigeunern gewordener Deutscher ein leises Aufatmen gegangen. Das war, als der amerikanische Oberrichter *Jackson* im Nürnberger Prozeß der Welt erklärte: »Wir wollen klarstellen, daß wir nicht beabsichtigen, das ganze deutsche Volk zu beschuldigen. Wir wissen, daß die Nazipartei nicht auf Grund einer Mehrheit der abgegebenen Stimmen zur Macht kam.« Und er sagte noch, daß ja keine Sturmkolonnen, keine Konzentrationslager und keine Gestapo hätten erfunden werden müssen, wenn die Deutschen insgesamt und die Nationalsozialisten ein und dasselbe gewesen wären.

Die Reihen mit Trauer, Not und Sorge Beladener atmeten auf, weil ihnen ein gerecht denkender Mann eine übrige Last abnahm, von der sie empfanden, daß sie ihnen zu Unrecht aufgepackt worden war. Ihr Rucksack ist noch immer schwer genug. Doch nun trippelt, wenn auch noch klein und schüchtern, die Hoffnung nebenher und hilft ein wenig tragen.

Was hat sich geändert? Wenig und alles. – Wenn ich einen Bruder hätte, der jemanden beraubte, und man käme und sagte, ich solle, da der Dieb mein Bruder sei, mitarbeiten, daß der Bestohlene sein Gut oder dessen Gegenwert zurückerhalte, so würde ich ohne Zögern antworten: »Das will ich tun.« Die Schuld müßte ich ablehnen. Die Schulden würde ich anerkennen.

*

Schulden, die ein besiegtes Volk zurückzahlen muß, heißen seit 1918 »Reparationen«. Ein Fremdwort, jedoch kein fremdes Wort. Wir Deutschen kennen es noch recht gut. Und die anderen Völker kennen es ebenfalls. Wir kennen auch die Wörter Revolution, Inflation, Deflation. Lauter Fremdwörter, die sich in unserer Generation vortrefflich eingebürgert haben.

Nun ist also wieder das Wort »Reparation« an der Reihe. Wir entsinnen uns noch einigermaßen. Wenn wir die Schulden in Geld abzahlen wollten, mußten wir zuvor bei Ausland Anleihen aufnehmen. Wenn wir mit unserem »Rohstoff Kohle« bezahlten, sanken die Löhne der Bergarbeiter in Wales, daß es zu Streiks und Aussperrungen kam. Wenn wir mit menschlicher Arbeitskraft hätten zahlen wollen, wäre die große Arbeitslosigkeit in der Welt noch früher gekommen und noch ärger geworden, als sie dann wurde.

Ich gebe zu bedenken, daß ich auf dem Gebiete der Wirtschaft im allgemeinen und der Reparationen im besonderen ein krasser Laie bin. Trotzdem glaube ich, mich noch zu erinnern, daß schließlich, nachdem alles versucht worden war, die Fachleute zu dem Ergebnis kamen: Alle Völker, die Sieger und die Besiegten, hätten den Krieg verloren. Und es sei bei den mißglückten Versuchen, die Kriegsschulden bezahlt zu erhalten, der andere Plan automatisch mitgescheitert: den Frieden zu gewinnen.

Nun sind wieder ganze Länder verwüstet worden mit allem, was einst zu ihnen gehörte: Menschen, Häuser, Höfe, Fabriken, Stauwerke, Museen, Bibliotheken, Kirchen, Brükken, Viehherden, Flotten, Banken – alles. Und die Fachleute sind dabei, diese Verluste in Summen auszudrücken. In astronomischen, in apokalyptischen Summen. Die Fachleute denken darüber nach, wie Deutschland diese Werte zu ersetzen in der Lage sein wird und wie es das tun kann, ohne in den Ländern der Sieger Anleihen aufzunehmen, ohne dort Lohnsenkungen und Arbeitslosigkeit hervorzurufen und schließlich ohne Deutschland selber, das schon ruiniert ist, endgültig lebens- und damit auch reparationsunfähig zu machen. Ich bedaure, daß ich weder von diesen Problemen noch von ihren Lösungen etwas verstehe. Und ich bin froh darüber, daß ich, da ich einem vollkommen anderen Berufe nachgehe, nichts davon zu verstehen brauche.

*

Von meinem Beruf, von meinen engeren Berufskollegen und von den deutschen Künstlern überhaupt verstehe ich naturgemäß einiges. Ich weiß etliches über ihre Schuld und über ihre Schuldlosigkeit im Dritten Reich. Ich kenne die Meinung mancher über den Unterschied zwischen Kriegsschulden und Kriegsschuld. Und so glaube ich, daß ich nicht nur von mir und meinen Gedanken spreche, wenn ich hiermit eine Anregung weitergebe, die ich einem Bekannten verdanke.

Er sagte zu mir: »Was glauben sie wohl – wie würde es das Ausland aufnehmen, wenn sich gerade die politisch unbescholtenen Künstler bereit erklärten, auf ihre Weise an der Abtragung der Reparationen mitzuhelfen? Ob man es nicht begreifen, ja vielleicht sogar anerkennen würde, wenn die ›Nichtschuldigen‹ für ihr Volk einträten?«

»Ein schöner Gedanke«, erwiderte ich. »Die deutschen Künstler täten es gewiß von Herzen gern. Und das Ausland, warum sollte es einen solchen Schritt nicht gutheißen? Nur eines ist mir völlig dunkel: *Wie* sollten wir helfen können? Die meisten haben nur noch, was sie auf dem Leibe tragen. Sie leben von der Hand in den Mund. Denn sie waren verboten oder doch knapp geduldet. Carl Hofer und andere ›entartete‹ Maler durften nicht einmal zu Hause, zum bloßen Vergnügen, malen! Jede Woche kam ein Polizist und sah nach, ob sie auch ja nicht Pinsel und Palette in der Hand hielten. Sie waren zu arm, um etwas zahlen zu können, wenn sie gleich wollten!«

Der Bekannte lächelte. »Sie könnten mit ihrer Kunst zahlen. Mit ihrem Wissen. Kurz, mit ihren besonderen Fähigkeiten! Hören Sie ein paar beliebige Beispiele! Wenn nun ein gutes Schauspieler-Ensemble, etwa mit Paul Wegener an der Spitze, zu einer Auslandstournee eingeladen würde? Wenn von Malern, wie Hofer, Beckmann, Pechstein, Kollwitz, Schmidt-Rottluff und anderen, eine Wander-Kunstausstellung beschickt würde? Wenn bedeutende Gelehrte und Schriftsteller von Ruf Vortragsreisen unternähmen? Wenn gute Orchester mit berühmten Dirigenten moderne deutsche Komponisten spielten? Wenn Operngastspiele und Konzerte mit namhaften Sängern stattfänden?«

»Und?«

»Und wenn die Erträgnisse aus all diesen Veranstaltungen einem Reparationsfonds zur Verfügung gestellt würden?«

»Es wäre ein Tropfen auf den heißen Stein«, sagte ich zögernd. »Bedenken Sie, Deutschlands Schulden werden Summen mit so vielen Nullen ausmachen, daß man ein neues Papierformat wird erfinden müssen, um sie aufschreiben zu können.«

»Niemand kann mehr und anderes geben, als er hat«, meinte der Bekannte unbeirrt.

»Die deutschen Künstler«, wandte ich ein, »waren zwölf Jahre lang hinter Stacheldraht. Abgeschnitten von internationaler Konkurrenz. Verboten. Auf falsche Wege gewiesen. Wer weiß, ob sie vor der Welt bestehen könnten …«

»Die Besten unter ihnen doch wohl«, entgegnete der Bekannte. »Wie wichtig wäre es außerdem für sie, endlich einmal wieder über die Mauer blicken zu können.«

»O ja. Das wäre für sie von höchster Bedeutung!«

»Und schließlich: Wie nützlich könnte solch ein Versuch dem Gedanken der Versöhnung sein! Diese Künstler kämen mit gleichgesinnten Kollegen anderer Nationen zusammen. Und mit ihren in die Emigration gegangenen Freunden.«

»Freilich«, warf ich ein. »Und diese aus Deutschland emigrierten Künstler könnten gleichfalls für den Reparationsfonds Vorträge halten, Konzerte geben, Theater spielen, Ausstellungen veranstalten!«

»Werden die Emigranten *wollen*?« fragte der andere zurück. »Werden sie nicht sagen, sie hätten damit nichts zu schaffen?«

»Mit ihrer Heimat nichts zu schaffen? Und nichts zu schaffen mit deren Not? Das glaube ich nicht! Viele, weiß ich, wollen zurück und aufbauen helfen. Andere würden gewiß den Plan ›Kunst und Reparation‹ unterstützen …«

Der Bekannte lächelte. »Sie beginnen sich, merke ich, für meine Anregung zu erwärmen.«

Ich nickte. »Ja. Nur – was wird man, im In- und Auslande, dazu sagen?«

»Um das festzustellen«, erwiderte mein Bekannter, »sollten Sie vielleicht einmal einen Artikel schreiben!«

1945

IST POLITIK EINE KUNST?

Leuten, die der Politik fernstehen und die dessenungeachtet mit schönem Eifer in den Folianten der Geschichte zu blättern pflegen, erscheint der alte Satz, daß Politik eine Kunst sei, immer wieder als eine der verwegensten Behauptungen, die seit der Erschaffung der Welt gemacht worden sind. Denn wenn die Politik zu den Künsten gehörte, so wäre sie wahrhaftig ein außerordentlich aparter Kunstzweig, nämlich eine Kunst ohne die dazugehörigen Künstler und Kunstwerke.

Vielleicht aber hat der Mann, der den tollkühnen Satz zum ersten Male prägte, ihn ganz anders gemeint? Vielleicht hat er sagen wollen, Politik sei eine Kunst, wie es eine Kunst ist, auf dem kleinen Finger den Handstand zu machen? Oder, auf einem Drahtseil balancierend, linkshändig über die Schulter einem harmlosen, hundert Meter entfernt stehenden Herrn eine Tonpfeife aus dem Mund zu schießen?

Dann wäre es also falsch, nach dem Shakespeare der politischen Kunst, nach ihrem Praxiteles und Mozart zu fragen. Dann müßte man sich nach ihren Rastellis und nach ihren Kunstschützen erkundigen?

Nun, schon im Varieté möchte ich der harmlose Herr mit der Tonpfeife im Munde nicht übermäßig gerne sein. Und in der Politik? Ich wette meinen letzten Hut, daß der politische Kunstschütze alles andere im Umkreise meiner werten Person eher träfe als ausgerechnet die weiße Tonpfeife.

Und jetzt etwas ernsthafter: Wenn ein kleiner Kaufmann nur den hundertsten Teil jener Fehler und Irrtümer beginge, die sich die großen Männer der Geschichte im Altertum, im Mittelalter und, dem Vernehmen nach, auch in der neueren Zeit geleistet haben, käme er aus dem Bankrott und dem Gefängnis überhaupt nicht mehr heraus. Wenn die Bankiers ihren Klienten, die Ärzte ihren Patienten, die Gatten ihren Frauen, die Eltern ihren Kindern und die Lokomotivführer ihren Passagieren gegenüber »staatsmännisch« verführen, läge das Ende der Menschheit bereits seit Jahrtausenden weit hinter uns.

Doch die Staaten und Völker sind mindestens aus Gußeisen. Man kann sie so dilettantisch, so roh, so unvorstellbar behandeln, daß den Geschichtsbetrachter eine Gänsehaut nach der anderen überläuft – die Staaten und die Völker gehen nicht entzwei. Man kann sie in die abgründigsten Abgründe stürzen – sie bleiben ganz.

Das deutsche Volk ist in einen solchen Abgrund gestürzt worden. Und nicht nur Deutschland, sondern der gesamte Kontinent. Ob Europa diesmal »ganz« geblieben ist, wird sich erst herausstellen müssen. Wir hoffen es klopfenden Herzens. Noch sind wir dabei, uns in dem gemeinsamen Abgrund umzuschauen. Wir mustern die steilen Felswände rund um uns. Wir prüfen, während uns noch alle Rippen schmerzen, ob und wie wir wieder emporkommen können. Damit uns, wenn wir tatsächlich noch einmal herauskämen, dann die nächsten Staatsmänner, die künftigen politischen Künstler, erneut anpacken können, wie sich nicht einmal ungelernte Transportarbeiter erlauben würden, eine Kiste anzufassen.

Am 27. April des Jahres 44 vor Christi Geburt schrieb Cicero an seinen Freund Atticus: »Und du redest mir noch zu, ich solle Geschichte schreiben? Ich solle die ungeheuren Schlechtigkeiten der Menschen zusammenstellen, von denen wir noch immer umlagert sind?«

»Noch immer«, schrieb Cicero im Jahre 44 ante Christum natum. Was sollen denn nun wir, genau zwanzig Jahrhunderte später, schreiben? Nachdem die Staaten und die Völker von ihren politischen Künstlern mit eiserner Beharrlichkeit stets aufs neue ins Verderben gestürzt worden sind?

In jedem anderen Beruf, und wäre es der simpelste, muß der Mensch, bevor man ihm sein Teil Verantwortung zuschiebt, etwas lernen. In welchem anderen Gewerbe, von den Künstlern ganz zu schweigen, hätte sich ein Dilettant wie Göring, ein Phrasendrescher wie Goebbels, ein Hasardeur wie Hitler auch nur ein halbes Jahr halten können, ohne in hohem Bogen auf die Straße geworfen zu werden?

Dabei bedenke man, ohne daß einem das Herz vor Schreck stillsteht, noch Folgendes: Wenn diese Männer ihren Größenwahn auch nur etwas bezähmt, wenn sie ein paar Verträge weniger gebrochen und bloß einige Nuancen realistischer gedacht und gehandelt hätten, regierten sie uns womöglich heute noch! Wenn sie, nachdem Österreich und das Sudetenland »heimgekehrt« waren, ihre weiteren Expansionsgelüste bezähmt und die Danziger Frage diplomatisch gelöst hätten?

Es ist immer mißlich, sich ausmalen zu wollen, was geschehen wäre, »wenn« ... Dazu kommt, daß Menschen, je mehr sie mit Gewalt erreichen, um so hemmungsloser Gewalt anwenden. Raubtiere pflegen sich nicht plötzlich auf Spinat umzustellen. Doch versuchen wir immerhin, die angedeutete Hypothese ein wenig weiterzuspinnen. Stellen wir uns trotz allem vor, die eklatanten Vertragsbrüche und Überfälle wären gestoppt worden. Die Nationalsozialisten hätten sich an achtzig Millionen Untertanen genügen lassen. Sie hätten die Großmächte nicht länger bis aufs Blut gereizt. Diese Großmächte hätten den polnischen Garantievertrag nicht zu erfüllen und ihre Armeen und Flotten nicht zu mobilisieren brauchen. Hitler und die Seinen hätten sich darauf beschränkt, hinter den neuen Grenzen durch lautlosen Terror die alte Ordnung und »Einstimmigkeit« aufrechtzuerhalten!

Sie hätten ungestört, in sonntäglicher Friedhofsruhe, ihre inneren Gegner bis zum letzten Mann und bis zum letzten männlichen Gefühl ausrotten können, ohne daß jenseits der Grenzen ein Hahn danach gekräht hätte. Ein paar Millionen wären noch draufgegangen. Die anderen wären willenlose, stumpfsinnige zweibeinige Maschinen geworden. Ein Volk dressierter Hunde. Wer die vergangenen zwölf Jahre aufmerksam in Deutschland verbracht hat, weiß zur Genüge, wie den Menschen, wenn man den Erziehungskursus nur unerbittlich genug betreibt, auch der letzte Wirbel ihres seelischen Rückgrates gebrochen werden kann.

Wir wollen diese infernalische Vorstellung von uns abschütteln. Es ist gekommen, wie es kommen mußte. Aber ich werde den Gedanken nicht so bald loswerden, daß jene Hasardeure nur ein wenig inkonsequent, nur etwas vernünftig, nur einen Zentimeter menschlicher hätten zu werden brauchen, und sie säßen heute nicht auf Anklagebänken. Sondern unsere Enkel könnten in ihren Geschichtsbüchern für die Mittelstufe nachlesen, von was für großen Staatsmännern, von welchen Meistern der Politik Deutschland in der Mitte des zwanzigsten Jahrhunderts regiert worden wäre.

*

Wenn nun, nach erfolgreicher Lektüre, ein bis zwei Leser ausriefen: »Da haben wir's! Sogar ein antifaschistischer Journalist zieht in Betracht, daß es an einem Haar gehangen habe und Hitler wäre an der Macht geblieben!«, so hätten sie mit erstaunlichem Takt und Zartgefühl jeden einzelnen Satz ungefähr dreimal mißverstanden. Lawinen haben nicht die Gewohnheit, auf halbem Wege stillzustehen und Vernunft anzunehmen. Das ist eines der wenigen »Naturgesetze«, die sich haben entdecken lassen.

Im vorliegenden Falle war der Weg in die Tiefe insbesondere zwangsläufig vorgezeichnet. Denn die erste Revolutionsgarnitur blieb, das ist eine Ausnahme, bis zuletzt an der Macht. Kurzum: so wenig Politik eine Kunst ist, so sehr wäre das angedeutete Mißverständnis ein Kunststück.

1945

DIE AUGSBURGER DIAGNOSE

Kunst und deutsche Jugend

Die vor der sprichwörtlichen Tür stehenden und frierend von einem Bein aufs andre tretenden Gemeindewahlen werden, was wenige wissen, nicht die ersten Wahlen im neuen Deutschland sein. Es hat schon eine Abstimmung stattgefunden. Als Wahllokal diente das Palais Schaezler in Augsburg, und es dient noch heute demselben Zweck. Das Wahlkomitee gewährte mir dankenswerterweise Einblick in die vorläufigen Resultate. Eben bin ich mit der Erforschung eines mittelhohen Stimmzettelgebirges zu Rande gekommen. Und nun denke ich, nicht ohne Stirnrunzeln, über die Wahlergebnisse nach …

Also, die Sache war und ist die: Man veranstaltet in den Räumen des Palais eine Kunstausstellung. Man zeigt Bilder süddeutscher Maler der Gegenwart. Naturgemäß Bilder verschiedener »Richtungen«. Und man fügt dem als Eintrittskarte geltenden Katalog einen »Stimmzettel« mit drei Fragen bei. Erste Frage: »Welches halten Sie für das beste Bild?« Zweite Frage: »Welches Bild besäßen Sie am liebsten?« Dritte Frage: »Haben Sie Wünsche für eine spätere Ausstellung?« Ein Hinweis, daß es an der Kasse Bleistifte gibt, eine Zeile für die Unterschrift, eine Zeile für die

Angabe des Berufs und die freundliche Bemerkung »Besten Dank!« runden das Schriftbild ab.

Eine angemessene Zahl Besucher hat die ernstgemeinten Stimmzettel angemessen behandelt. Die wenigst »modernen« Bilder werden erwartungsgemäß bevorzugt. Und bei der dritten Frage wird häufig der verständliche Wunsch laut, man wolle künftig auch Plastiken und Graphik, Aquarelle und Keramik sehen. Ein »Wähler« sehnt sich sogar nach modernen französischen Bildern. Er steht allein und einzig da.

Natürlich haben sich auch hartgesottene »Spaßvögel« zum Wort gedrängt. So wünscht sich einer für die nächste Ausstellung »besseres Wetter« und ein anderer, verschämt in Einheitsstenographie, »nackte Weiber«.

Unter denen, die an verschiedenen Malern und Bildern Kritik üben, sind erfreulicherweise viele, welche Maß halten. So stellt eine Frau fest: Diese und jene Bilder »entsprechen nicht meinem Kunstgeschmack«. Eine Klavierlehrerin wünscht die nächste Ausstellung »nicht ganz so modern«. Ein anderer sehnt sich »nach guten, real ausgearbeiteten Bildern«, womit er unmißverständlich realistische Darstellungen verlangt. Wieder ein anderer meint dasselbe, wenn er »natürliche Bilder, keine Phantasie« fordert. Und eine Frau konstatiert betrübt: »Größtenteils habe ich keine Freude an der Ausstellung gehabt.«

Diese und ähnliche mit liebenswürdiger Ehrlichkeit vorgetragenen Urteile richten sich weniger gegen ausgefallene, groteske, phantastische Sujets, solange sie »verständlich« gemalt sind, als vielmehr gegen stilistisch schwer begreifliche Bilder. Den unanfechtbaren Rekord des Angefochtenwerdens hält Ernst Geitlinger mit seinen in einem Kabinett vereinigten Arbeiten. Dieser kleine Raum V bringt auch die stärksten Gemüter unter den unerfahrenen Besuchern ins Wanken. Es handelt sich, sehr kurz gesagt, um sieben die Perspektive verleugnende, auch in der Zeichnung künstlich naive, an Paul Klee erinnernde Bilder von hohem farblichem Reiz. Die subtile, verspielte Farbheiterkeit hat sogar Geitlingers Rahmen ergriffen. Er hat auch sie bemalt.

Diesem Raum hat die gute Laune eines sehr großen Teils der »Wähler« nicht standgehalten. Es ist unerläßlich, einige der Urteile aufzuzählen. Diese Bilder »sind unmöglich und verhöhnen die deutsche Kunst!!!« »Mein Bedarf ist vorläufig gedeckt!« »Künstler wie Schlichter, Geitlinger und Blocherer müssen raus!!« »Geitlinger und ähnliche Schmiereien müssen verschwinden.« »So etwas ist eine Schweinerei!« »Keine entartete Kunst mehr!« »... völlige Ausmerzung solcher Bilder!« »... ein Schlag ins Gesicht!«

Einer wünscht sich die Bilder der Ausstellung »alle, um sie einzuheizen«. Einer hat einen Briefbogen zum Teil in ein Tintenfaß gesteckt gehabt und dazu geschrieben »Studie in Blau«. Und ein anderer fordert: »Diese Künstler beseitige man restlos. Kz.«

Einer der Männer, welche die Ausstellung betreuen, erzählte, daß junge Leute Geitlingers Bilder zu verschmieren versucht hätten. Einer habe gebrüllt: »Den Kerl, der das gemalt hat, knall ich nieder!« Etliche der Maler in Auschwitz zu verbrennen oder aus ihrer Haut Lampenschirme fürs traute Heim zu schneidern, hat erstaunlicherweise niemand verlangt. Aber die Ausstellung ist ja noch ein paar Tage geöffnet.

*

Aus den Unterschriften der Stimmzettel geht nun hervor, daß die intolerantesten, die dümmsten und niederträchtigsten

Bemerkungen fast ohne Ausnahme von Schülern, Studenten, Studentinnen und anderen jungen Menschen herrühren.

Seit die Welt besteht, war es immer die Jugend, die am ehesten und am leidenschaftlichsten für das Neue, für das Moderne eintrat. Und gerade die Studenten bildeten die Avantgarde der Kunst. Es war ein jugendliches Vorrecht, auch abwegige Versuche begeistert zu begrüßen.

Und heute stellt sich gerade die Jugend hin und will fünfzigjährige Männer, weil sie nicht wie Stuck und Heinrich von Zügel malen, ins Kz stecken oder niederknallen? (Indessen ältere Herrschaften, die vor perspektivelosen Bildern stehen, resigniert, aber höflich feststellen: »Es gefällt mir nicht.«)

Wie haben zum Beispiel uns, die wir 1918 aus dem Kriege heimkamen, beim Anblick der Bilder von Dix, Kokoschka, Kandinsky, Marc und Feininger die Köpfe geraucht! Wie haben wir diskutiert! Wie haben wir die expressionistische Lyrik mitsamt ihren Unarten verteidigt! Wie haben wir das Moderne geliebt und das Alte respektiert!

Die heutige deutsche Jugend steht also dort, wo seit je die Alten, die unverbesserlichen Spießer und Kunstbanausen hingehörten? Welche Perversion, wenn dem so wäre! Welch verwirrende Folgen für die Entwicklung der Künste in Deutschland! Denn auch wenn die produktive Jugend, auch wenn die jungen Talente selber ihren Weg finden sollten, dem Einfluß der letzten zwölf Jahre zum Trotz – in welches Vakuum gerieten sie ohne die Begleitung des gleichaltrigen Publikums? Ohne dessen Fanatismus für das Neue? Ohne dessen Jubel und Begeisterung?

Es ist zu befürchten, daß die Augsburger Diagnose zutrifft und daß die dortige »Abstimmung« eine viel allgemeinere Gültigkeit besitzt, die Gültigkeit für ganz Deutschland. Die heutigen Studenten waren 1933 kleine Kinder. Sie wuchsen, jedenfalls ihre Majorität, in der Respektlosigkeit vor modern und freiheitlich gesonnenen Eltern und Lehrern auf. Sie lernten schon mit dem kleinen Einmaleins die Autorität der Fachleute verachten und das Geschwätz reaktionärer Dilettanten glauben. Sie wuchsen in Unkenntnis ausländischer Leistungen auf und ohne Ehrfurcht vor dem Mut eigenwilliger Naturen.

Ich werde nie die Gesichter jener jungen SS-Männer vergessen, die sich seinerzeit, im Münchner Hofgarten, im langsamen Gänsemarsch durch die Ausstellung der »Entarteten Kunst« schoben, Hunderte von konzessioniert hämischen, grinsenden, verschlagenen, großspurigen Gesichtern, sich gähnend und feixend an den Bildern Noldes, Pechsteins, Beckmanns, George Grosz', Marcs und Klees vorbeischiebend. Sie trotteten wie Droschkengäule, wenn am Stand der vorderste Wagen weggerollt ist, angeödet von Rahmen zu Rahmen.

Ein durchgefallener Kunstmaler wie Hitler, ein dilettantischer Schriftsteller wie Goebbels, ein mißglückter, schwafelnder Kulturphilosoph wie Rosenberg haben die junge Generation gelehrt, was Dichtung, Musik und bildende Kunst zu sein hat. Der billigste Geschmack, ein Jahrmarktsgeschmack, wurde auf den Thron gesetzt. Das Gewagte, das Außergewöhnliche, das Exklusive, das Neue – es wurde verbrannt, verbannt, verschwiegen und bespuckt. So wuchsen Kinder mit den Kunstidealen von Greisen, Impotenten und Kitschonkels heran.

Nun sind diese Kinder Studenten geworden. Die Kunst ist wieder frei. Die Studenten spucken, wie sie es gelernt haben, auf alles, was sie nicht verstehen. Weil alles, was nicht alle verstehen, von 1933 bis 1945 Dreck war. Sie haben es nicht anders gelernt. Sie wissen nicht, daß der Künstler schafft, »wie der Vogel singt«, und nicht, damit es Herrn Lehmann gefällt.

*

Was soll geschehen? Denn das ist wohl sicher: Es reicht nicht aus, daß wir Älteren uns über das geschmackliche Analphabetentum der Jugend empören. Es hilft nichts, wenn wir die gezüchteten jungen Barbaren bedauern. Und es bringt auch nicht viel weiter, wenn wir ihren borniertem Dünkel lediglich zu verstehen trachten. Sondern hier muss etwas *geschehen*! Radikal und schnell! Nicht nur dieser Jugend wegen. Obwohl das wahrhaft Grund genug wäre. Sondern auch um der deutschen Kunst willen, deren natürliches Wachstum, deren Entwicklung zwölf Jahre lang künstlich unterbrochen worden ist! Hierfür gibt es keine Vitamin- oder Hormoneinspritzungen. Hier helfen keine Pillen! Gibt es überhaupt etwas, das helfen kann?

Erziehung kann helfen. Und zwar, da es um die Kunst geht: Kunsterziehung. Das künstlich Versäumte muss künstlich nach- und eingeholt werden. Ich weiß aus Erfahrung, daß dergleichen möglich ist. Mir werden die »Kunsterziehungsabende«, die 1919 im Dresdner König Georg-Gymnasium stattfanden, unvergeßlich bleiben.

Da erschien nämlich einmal in der Woche Herr Kutzschbach, ein Kapellmeister der Staatsoper, mit seinen Orchestermitgliedern in der Aula. Schüler aus allen Dresdner höheren Schulen und Studenten saßen, standen, quetschten und drängten sich. Herr Kutzschbach erklärte uns Strauß' »Tod und Verklärung«, den »Eulenspiegel« oder was sonst bevorstand, mit einfachen Worten, deutete am Flügel die musikalischen Themen und deren Verquickung an, ließ den Klarinettisten oder den Mann mit dem Fagott dessen wichtigstes Motiv solo blasen; und erst dann, wenn wir auf alles Begreifliche hingewiesen worden waren, erhob er sich, trat ans Pult, dirigierte, das Orchester spielte die Suite, die Symphonie oder die Programmmusik, und wir verstanden, wir hörten, wir empfanden von Abend zu Abend besser und tiefer, was die Komponisten hatten zum Ausdruck, zu Gehör bringen wollen.

Wir wurden erzogen. Die Ohren, die Nerven, der Geschmack wurden »gebildet«. Und nicht zuletzt die Einsicht, daß auch Kunst, die man nicht versteht, trotz allem als Dame behandelt werden sollte. Man kann, auch als junger Mann, nicht alle Damen lieben. Es muß einem nicht jede gefallen. Nur folgt daraus nicht, daß sie niemandem sonst gefallen dürfte oder gar, daß man das Recht hätte, ihr mitten ins Gesicht zu spucken.

Kunsterziehung also! Geschmacksbildung durch berufene Fachleute. In den Universitäten, in den Volkshochschulen, in öffentlichen Veranstaltungen, durch Lehrer, durch Künstler, durch Gelehrte, durch die Gewerkschaften!

Es wird höchste Zeit. Es geht um Deutschlands Jugend. Es geht um den Wert und um die Geltung der deutschen Kunst.

1946

WERT UND UNWERT DES MENSCHEN

Es ist Nacht. – Ich soll über den Film »Die Todesmühlen« schreiben, der aus den Aufnahmen zusammengestellt worden ist, welche die Amerikaner machten, als sie dreihundert deutsche Konzentrationslager besetzten. Im vergangenen April und Mai. Als ihnen ein paar hundert hohlwangige, irre lächelnde, überlebende Skelette entgegenwankten. Als gekrümmte, verkohlte Kadaver noch in den elektrisch geladenen Drahtzäunen hingen. Als noch Hallen, Lastautos und Güterzüge mit geschichteten Leichen aus Haut und Knochen vollgestopft waren. Als auf den Wiesen lange hölzerne Reihen durch Genickschuss »Erledigter« in horizontaler Parade besichtigt werden konnten. Als vor den Gaskammern die armseligen Kleidungsstücke der letzten Mordserie noch auf der Leine hingen. Als sich in den Verladekanälen, die aus den Krematorien wie Rutschbahnen herausführten, die letzten Zentner Menschenknochen stauten.

*

Es ist Nacht. – Ich bringe es nicht fertig, über diesen unausdenkbaren, infernalischen Wahnsinn einen zusammenhängenden Artikel zu schreiben. Die Gedanken fliehen, sooft sie sich der Erinnerung an die Filmbilder nähern. Was in den Lagern geschah, ist so fürchterlich, daß man darüber nicht schweigen darf und nicht sprechen kann. Ich entsinne mich, daß Statistiker ausgerechnet haben, wie viel der Mensch wert ist. Auch der Mensch besteht ja bekanntlich aus chemischen Stoffen, also aus Wasser, Kalk, Phosphor, Eisen und so weiter. Man hat diese Bestandteile sortiert, gewogen und berechnet. Der Mensch ist, ich glaube 1,87 RM wert. Falls Shakespeare klein und nicht sehr dick gewesen sein sollte, hätte er vielleicht nur 1,78 RM gekostet ... Immerhin, es ist besser als gar nichts. Und so wurden in diesen Lagern die Opfer nicht nur ermordet, sondern auch bis zum letzten Gran und Gramm wirtschaftlich »erfaßt«. Die Knochen wurden gemahlen und als Düngemittel in den Handel gebracht. Sogar Seife wurde gekocht. Das Haar der toten Frauen wurde in Säcke gestopft, verfrachtet und zu Geld gemacht. Die goldenen Plomben, Zahnkronen und -brücken wurden aus den Kiefern herausgebrochen und, eingeschmolzen, der Reichsbank zugeführt. Ich habe einen ehemaligen Häftling gesprochen, der im »zahnärztlichen Laboratorium« eines solchen Lagers beschäftigt war. Er hat mir seine Tätigkeit anschaulich geschildert. Die Ringe und Uhren wurden fässerweise gesammelt und versilbert. Die Kleider kamen in die Lumpenmühle. Die Schuhe wurden gestapelt und verkauft.

Man taxiert, daß zwanzig Millionen Menschen umkamen. Aber sonst hat man wahrhaftig nichts umkommen lassen ... 1,87 RM pro Person. Und die Kleider und Goldplomben und Ohrringe und Schuhe extra. Kleine Schuhe darunter, sehr kleine Schuhe.

In Theresienstadt, schrieb mir neulich jemand, führten dreißig Kinder mein Stück »Emil und die Detektive« auf. Von den dreißig Kindern leben noch drei. Siebenundzwanzig Paar Kinderschuhe konnten verhökert werden. Auf daß nichts umkomme.

*

Es ist Nacht. – Man sieht in dem Film, wie Frauen und Mädchen in Uniform aus einer Baracke zur Verhandlung geführt werden. Angeklagte deutsche Frauen und Mädchen. Eine wirft hochmütig den Kopf in den Nacken. Das blonde Haar fliegt stolz nach hinten.

Wer Gustave Le Bons »Psychologie der Massen« gelesen hat, weiß ungefähr, in der Theorie, welch ungeahnte teuflische Gewalten sich im Menschen entwickeln können, wenn ihn der abgründige Rausch, wenn ihn die seelische Epidemie packt. Er erklärt es. Es ist unerklärlich. Ruhige, harmlose Menschen werden plötzlich Mörder und sind stolz auf ihre Morde. Sie erwarten nicht Abscheu oder Strafe, sondern Ehrung und Orden. Es ließe sich, meint der Gelehrte, verstehen. Es bleibt unverständlich.

Frauen und Mädchen, die doch einmal Kinder waren. Die Schwestern waren, Liebende, Umarmende, Bräute! Und dann? Dann auf einmal peitschten sie halb verhungerte Menschen? Dann hetzten sie Wolfshunde auf sie? Dann trieben sie kleine Kinder in Gaskammern? Und jetzt werfen sie den Kopf stolz in den Nacken? Das solle sich verstehen lassen, sagt Gustave Le Bon?

*

Es ist Nacht. – Der Film wurde eine Woche lang in allen bayerischen Kinos gezeigt. Zum Glück war er für Kinder verboten. Jetzt laufen die Kopien in der westlichen amerikanischen Zone. Die Kinos sind voller Menschen. Was sagen sie, wenn sie wieder herauskommen?

Die meisten schweigen. Sie gehen stumm nach Hause. Andere treten blass heraus, blicken zum Himmel und sagen: »Schau, es schneit.« Wieder andere murmeln: »Propaganda! Amerikanische Propaganda! Vorher Propaganda, jetzt Propaganda!« Was meinen sie damit? Daß es sich um Propaganda*lügen* handelt, werden sie damit doch kaum ausdrücken wollen. Was sie gesehen haben, ist immerhin fotografiert worden. Daß die amerikanischen Truppen mehrere Geleitzüge mit Leichen über den Ozean gebracht haben, um sie in den deutschen Konzentrationslagern zu filmen, werden sie nicht gut annehmen. Also meinen sie: Propaganda auf Wahrheit beruhender Tatsachen? Wenn sie aber das meinen, warum klingt ihre Stimme so vorwurfsvoll, wenn sie »Propaganda« sagen? Hätte man ihnen die Wahrheit *nicht* zeigen sollen? Wollten sie die Wahrheit *nicht* wissen? Wollen sie die Köpfe lieber wegdrehen, wie einige der Männer in Nürnberg, als man ihnen diesen Film vorführte?

Und einige sagen: »Man hätte ihn schon vor Monaten zeigen sollen.« Sie haben recht. Aber ist es nicht immer noch besser, die Wahrheit verspätet als nicht zu zeigen und zu sehen?

*

Es ist Nacht. – Ich kann über dieses schreckliche Thema keinen zusammenhängenden Artikel schreiben. Ich gehe erregt im Zimmer auf und ab. Ich bleibe am Bücherbord stehen, greife hinein und blättere. Silone schreibt in dem Buch »Die Schule der Diktatoren«: »Terror ist eben nur Terror, wenn er vor keinerlei Gewalttat zurückschreckt, wenn für ihn keine Regeln, Gesetze oder Sitten mehr gelten. Politische Gegner besetzen Ihr Haus, und Sie wissen nicht, was Sie zu gewärtigen haben: Ihre Verhaftung? Ihre Erschießung? Eine einfache Verprügelung? Das Haus angezündet? Frau und Kinder abgeführt? Oder wird man sich damit begnügen, Ihnen beide Arme abzuhauen? Wird man Ihnen die Augen ausstechen und die Ohren abschneiden? Sie wissen es nicht. Sie können es nicht wissen. Der Terror kennt weder Gesetze noch Gebot. Er ist die nackte Gewalt; stets nur darauf aus, Entsetzen zu verbreiten. Er hat es weniger darauf abgesehen, eine gewisse Anzahl Gegner körperlich zu vernichten, als darauf, die größtmögliche Zahl derselben seelisch zu zermürben, irrsinnig, blöde, feige zu machen, sie jeden Restes menschlicher Würde zu berauben. Selbst seine Urheber und Ausführer hören auf, normale Menschen zu sein. In Terrorzeiten sind die wirksamsten und häufigsten Gewalttaten gerade die ›sinnlosesten‹, die überflüssigsten, die unerwartetsten …«

Silone wird sein Buch, das 1938 erschienen ist, in der nächsten Auflage leicht überarbeiten müssen. Zwanzig Millionen »körperlich vernichtete« Gegner sind eine ganz nette Summe. Auch darauf scheint es dem Terror anzukommen. Nicht nur darauf, wie Generalmajor Füller in »The First of the League Wars« schreibt, »lähmendes Entsetzen zu verbreiten, den Feind wenigstens vorübergehend wahnsinnig zu machen, wahnsinnig zum Anbinden«. Menschen, die man verbrennt und vergast, braucht man nicht mehr anzubinden. Man spart zwanzig Millionen Stricke. Das darf nicht unterschätzt werden.

*

Es ist Nacht. – Clemenceau hat einmal gesagt, es würde nichts ausmachen, wenn es zwanzig Millionen Deutsche weniger gäbe. Hitler und Himmler haben das mißverstanden. Sie glaubten, zwanzig Millionen Europäer. Und sie haben es nicht nur *gesagt!* Nun, wir Deutsche werden gewiß nicht vergessen, wie viel Menschen man in diesen Lagern umgebracht hat. Und die übrige Welt sollte sich zuweilen daran erinnern, wie viel Deutsche darin umgebracht wurden.

1946

»IST GOTT ODER HITLER GRÖSSER?«

Ein Fragebogen aus dem Jahre 1938

Es ließe sich denken, daß die in der Überschrift aufgeworfene Frage, ob Gott oder Hitler größer sei, heutzutage einige Verwunderung erregt. Nicht nur bei kirchenfrommen Menschen und nicht nur bei jenen, die, als unverbesserliche Intellektbestien und wurzellose Asphaltpflanzen, dem Nationalsozialismus von Anfang an feindlich gegenüberstanden. Möglicherweise werden sogar viele Deutsche, die der »Partei« angehörten, angesichts der etwas abwegigen Frage stutzen. Selbst jemandem, der an Gott niemals, an Hitler aber zwanzig Jahre geglaubt haben sollte – und auch dafür gibt es Beispiele –, müßte die Inkommensurabilität, also die Unmöglichkeit einleuchten, die beiden »Größen« zu vergleichen. Und noch wer an keinen von beiden geglaubt hätte, wäre nicht auf diese wahnwitzige Frage verfallen.

Das alles hindert nicht, daß sie gestellt worden ist. Die Kenntnis hierüber verdanken wir dem Bande »*Dokumente 1933–1945 zum Abwehrkampf der deutschen und evangelischen Pfarrerschaft gegen Verfolgung und Bedrückung*«. Auf Seite 23 dieses auch sonst außerordentlich interessanten Buches, das vom Kirchenrat Fritz *Klingler* herausgegeben worden ist, wird ein »Fragebogen der BDM-Führerinnenschule in A... (Oberhessen)« abgedruckt. Er wurde den zu hohen

Ehren und Pflichten auserwählten Mädchen am 16. Januar 1938 vorgelegt, zu einer Zeit demnach, als Hitler den blutigen, kahlen Gipfel seiner Macht noch nicht einmal erstiegen hatte. Die neun Fragen lauteten:

»1. Wann waren Sie zuletzt in der Kirche?
2. Lebt für Sie Gott im Himmel mit seinem Sohn oder in Ihrem Herzen?
3. Sind Sie ein Gotteskind?
4. Wie stehen Sie der Kirche gegenüber?
5. Ist Gott oder Hitler größer, mächtiger und stärker?
6. Wem soll man danken, Gott oder Hitler?
7. Wer ist Ihr Führer und Ihr Glaube?
8. Benötigen Sie Gebote?
9. Wie denken Sie über Weihnachten, und glauben Sie auch an die Legende des Weihnachtsfestes?«

Es fällt schon schwer, sich die oberhessischen Mädchenköpfe vorzustellen, die sich über diesen zwar kurzen, trotzdem unüberbietbaren Fragebogen beugen und ihn, wie das Gesetz es befahl, beantworten mußten. Sich nun gar jene anderen Köpfe auszumalen, in denen solche Fragen erstmalig Blasen schlugen und für Prüfungszwecke ausgekocht wurden, übersteigt schließlich jede, auch die tollkühnste Phantasie. Es ist durchschnittlich begabten Menschen vollkommen unmöglich, sich in Byzantinerseelen zu versetzen, aus denen derartig eingedickter Unsinn herausquillt. Der Schritt von theoretischem Größenwahn solchen Kalibers zu den sadistischen Ausschreitungen in Mauthausen und dem selbstgewählten Untergang in Stalingrad ist viel kleiner und verständlicher als der vorher in den Gehirnen zurückgelegte Weg: vom folgsamen, fleißigen, schulmeisterlichen

Deutschen zu einem Menschen, der sich auf Fragebögen bei jungen Mädchen allen Ernstes erkundigt, ob man Gebote benötige und ob man Gott oder Hitler anbeten solle.

Die Frage, wer von den beiden »größer, mächtiger und stärker« sei, ist mittlerweile vom Lauf der Geschichte beantwortet worden. Und es wird nachgerade von vielen als indezent empfunden, wenn ab und zu auf den apokalyptischen Aberwitz des letzten Jahrzehnts mit Fingern gezeigt wird. »Man zeigt nicht mit dem Finger«, sagen jetzt, empfindlich geworden und leicht verletzlich, Leute, die nicht das mindeste dabei fanden, wenn noch vor etlichen Jahren ganz, ganz andere Dinge gesagt und getan wurden. Nun, es scheint noch lange nicht an der Zeit, zwei bis drei Paar Glacéhandschuhe über die Finger zu ziehen, mit denen man an die Vergangenheit rührt! Hierfür ist die Krankheit des schlechten Gedächtnisses leider zu verbreitet. Es handelt sich um eine Modekrankheit, und man sollte die »eingebildeten« Kranken unserer Tage und ihr Erinnerungsvermögen nicht verzärteln. Was war, darf im Interesse dessen, was werden soll, nicht einfach in den Schubkästen des Unterbewußtseins verbuddelt werden. Das sind Dienstmädchenmanieren, die sich auch in der Weltgeschichte ganz und gar nicht empfehlen.

1946

NACHRICHTEN, RICHTIG GELESEN

In der letzten Nummer der »Neuen Zeitung« standen zwei Meldungen, die in diesem Zusammenhang kurz wiederholt und genau betrachtet zu werden verdienen. Es wurde berichtet, daß der amerikanische Hauptverteidiger im Malmedy-Prozeß, Oberst *Everett*, einen amerikanischen Oberstleutnant, mit Namen Hal *McCown*, als Entlastungszeugen für den im Malmedy-Prozeß angeklagten SS-Standartenführer Joachim *Peiper* vorgeladen gehabt habe, daß McCown im Flugzeug aus den USA in Dachau eingetroffen sei und die von der Verteidigung erwarteten entlastenden Aussagen tatsächlich gemacht habe. Aus dieser Tatsache und daraus, daß sie als Meldung erscheint, geht hervor, daß man sich, auch im Falle der SS, großer Objektivität befleißigt. Daß man keine Umstände scheut, das Recht zu finden. Die andere Nachricht brachte eine kulturelle Notiz. Der englische, an der Universität Chicago lehrende Historiker Arnold *Nash* traf in Hamburg ein, um eine längere Deutschlandreise durchzuführen. Nach dem Sinn seiner Reise befragt, äußerte er unter anderem: »Jeder Gelehrte hat zwei Vaterländer, sein eigenes und – Deutschland.« Während also der Zorn der gesamten zivilisierten Welt den zusammengebrochenen Hitlerstaat noch wie eine Mauer aus Eis umgibt, schlägt ein einzelner in Amerika beheimateter Engländer eine Bresche durch diese Mauer und erklärt auf deutschem Boden freimütig, was die Kultur trotz allem Deutschland verdankt und immer danken wird. Nun gibt es Leser, die fähig sind, immer nur das zu entdecken, was sie suchen auch dann, wenn es gar nicht im Blatte steht. So wird es gewiß welche geben, die, nach erfolgreicher Lektüre, erquickt sagen werden: »Da habt ihr's! Man kann der SS nicht das Geringste nachweisen. Jetzt kommen die hohen Herrschaften schon aus Amerika herübergeflogen, um es zu beschwören!« Und: »Seht ihr wohl? Die fremden Gelehrten drängeln sich bereits im Vorzimmer. Ohne uns wäre die übrige Welt glatt aufgeschmissen. Noch ist kein Frieden, und schon geben's alle kleinlaut zu!« Ist es so? Nun brauchte nur noch Herms Niel »Eins, zwei drei!« zu kommandieren, und das Deutschlandlied, eine Strophe »Niederländisches Dankgebet« und der halblaut gesummte Refrain des Horst-Wessel-Liedes wären wieder einmal fällig. Ja, solche Leser gibt es. Trotz allem. Sie haben in der Schule Lesen gelernt und können es heute noch nicht. Es ist, um aus der Haut zu fahren. Jede Geste der anderen, jede Hilfsbereitschaft, jeder Freimut, jede Objektivität – alles wird mißverstanden. Es wäre langsam an der Zeit für sie, lesen zu lernen. Denn wer heutzutage nicht lesen kann, kann auch nicht denken. Und ohne Denken geht es nicht. Oder wenn es geht, geht es schief und manchmal in den Abgrund.

1946

BRIEFE IN DIE RÖHRCHENSTRASSE

Am 24. Oktober 1933 verschickte der in Witten an der Ruhr, Röhrchenstraße 10, beheimatete Verlagsdirektor Gustav Christian Rassy ein Rundschreiben. Er bat bekannte Schriftsteller um gefällige Rückäußerung zu dem im Ausland kursierenden frechen Gerücht, daß im Neuen Deutschland die Freiheit des Geistes erschlagen worden sei und die Dichter, wenn auch nur bildlich gesprochen, mit einem Maulkorb herumliefen. Eine Woche später lagen die Antworten auf seinem Schreibtisch. Dieser Tage hat mir ein Leser ein halbes Dutzend dieser Antwortbriefe zur Verfügung gestellt. Es handelt sich um die Originalschreiben mit den authentischen Namenszügen.

»Die Ketten fallen!«, heißt es da zum Beispiel. »Wir dürfen wieder frei reden, der Druck ist von uns genommen, die deutsche Seele ist wieder zur freien Entfaltung gekommen! ... Wenn ich in der Großstadt Ahnenkunde vortrug oder meine kleinen lächelnden Geschichten von 1919, so fiel die Linkspresse über mich her, ich war unmöglich geworden. Heute ist meine Familien- und Erbkunde Reichssache geworden. Mit neun Worten: Wir dürfen wieder reden und schreiben, wie es uns ums Herz ist! So ist's im Dritten Reich! ... Können Sie den ›Vogel Rock‹ nicht irgendwo zum Zeitungsabdruck bringen? In Stuttgart hat er als ›neu‹ riesig eingeschlagen, er ist zehn Jahre alt! Mein Verleger unterdrückte ihn. Und mich bis heute. Heil Hitler! Ihr *Ludwig Finkh*.«

Mit neun Worten: Da dreht sich einem der Magen um. Schriftsteller von Weltruf hatten aus ihrem Vaterland fliehen müssen. Andere saßen im Kerker und wurden totgeschlagen. Andere lebten, von allen Seiten bespitzelt, unterm Schwert oder hielten sich, das Äußerste befürchtend, versteckt. Berge von Büchern waren auf Scheiterhaufen verbrannt worden. Und Herr Doktor Finkh erklärte frohen Mutes, weil seine Bücher nun nicht mehr kritisiert werden durften und vom Verleger, auch wenn keine Nachfrage vorlag, nachgedruckt werden mußten, endlich sei die Freiheit des Geistes in Deutschland ausgebrochen!

Diese Spätbarden hatten Nerven! Und heute, nun sie mit Hilfe ihrer Freiheitslieder die Heimat in Grund und Boden gesungen haben, sitzen die damals Verfolgten beisammen und befragen ihr Gewissen, ob es wohl überhaupt und wie weit es richtig und gerecht sei, immerhin die schlimmsten Bücher der ärgsten jener Seelentrompeter zu verbieten! Man fühlt sich versucht, dem eigenen Gewissen ein paar Maulschellen anzutragen. Jene am leiblichen, am seelischen und am Berufstod so vieler Schriftsteller schuldigen Männer sind es nicht wert, daß man sich ihretwegen den Kopf und das Gewissen zerbricht.

*

Bevor ich in der Betrachtung der Briefe an Herrn Rassy aus Witten in der Röhrchenstraße 10 fortfahre, will ich ein kleines, nettes Berufsabenteuer aus dem Jahre 1933 zum Besten geben. Der Schutzverband deutscher Schriftsteller war aufgelöst und der RDS, ein entsprechender Reichsverband, war gegründet worden. Im Frühsommer galt es, den Vorstand der Organisation zu wählen. Der erste Versuch mißlang, da sich die konservativen und die braunen Autoren rettungslos in die Haare gerieten. Ein neuer Termin wurde anberaumt. Erneut lud man zur Vorstandswahl im »Haus der Presse« am Berliner Tiergarten ein. Und eine der Einladungen erging auch an den Schriftsteller Erich Kästner, dessen Bücher verboten und am Opernplatz feierlich verbrannt worden waren. Ich besah mir den Brief von allen Seiten. Was konnte das heißen? Wollte man den einzigen »Verbrannten«, der nicht emigriert war, besonders ehren? Ich war Mitglied des Hauptvorstands des aufgelösten Schutzverbands gewesen. Hatte sich eine unerfahrene Sekretärin in der Kartei vergriffen? War es ein dummer Witz? Ich weiß heute noch nicht, welchem Anlaß ich die Einladung zu verdanken hatte. Nun, ich bin ein höflicher Mensch. Ich ging hin.

Als ich den Sitzungssaal betrat, mich, hübsch für mich allein, an ein Tischchen setzte, mir ein Bier bestellte und mich dann umschaute, sah ich, das kann ich getrost sagen, ziemlich viele entgeisterte Gesichter auf mich gerichtet. Die »neuen Herren« in SA-Uniform, die als Majorität einen Riesentisch umsäumten, erkundigten sich bei nichtuniformierten, dienstälteren Kollegen, wer der Fremdling sei. Mein Name schwirrte in allen Flüsterstärken durch den Saal. Ich durfte mich als Erster in die Anwesenheitsliste eintragen, und mein Autogramm wurde an diesem Abend, während die Liste kursierte, so gründlich bestaunt wie nie vorher oder nachher.

Genug davon und zurück zur Vorstandswahl. *Fedor von Zobeltitz*, ein Kavalier alter Schule, präsidierte. Die Deutschnationalen brachten einen Wahlvorschlag ein, der ihre Mitgliederzahl im Wahlvorstand angemessen berücksichtigte. Vertreter des Parteitischs lehnten den Vorschlag brüsk ab und legten den ihrigen vor. Mit nicht gerade zarten Hinweisen darauf, daß er unumstößlich sei. Freiherr *von Grote* erhob sich und forderte energisch demokratische Methoden. *Wulf Bley, Hadamowsky* und die anderen totalitären Poeten widersprachen ausgesprochen laut. Der alte Herr von Zobeltitz versuchte wie ein Obersthofmeister zu vermitteln. Die Sänger der Saalschlachten wurden noch lebhafter. Einer von ihnen wies beleidigt darauf hin, daß man ja großzügigerweise zwei Vertreter der Reaktion auf die braune Liste gesetzt habe, *Hanns Martin Elster* und *Edgar von Schmidt-Pauli*. Nun wurde die Debatte noch unterhaltender. Sprecher der Konservativen verbaten es sich ganz entschieden, zwei Verräter ihrer Idee, zwei solche Überläufer, als ihre Vertreter bezeichnet zu hören. Elster habe in der Systemzeit seine Orden nicht getragen. Und gegen Schmidt-Pauli fielen noch härtere Vorwürfe. Es waren Worte darunter, die man sich nicht an den Hut zu stecken pflegt. Zobeltitz bat um Ruhe. Herr von Schmidt-Pauli lächelte verkniffen. Einer aus der deutschnationalen Gruppe sprang hoch, provozierte ihn fleißig weiter und schrie, als aber auch gar nichts helfen wollte, außer sich vor Empörung und Schneidigkeit: »Ich stehe Ihnen zur Verfügung!« Zobeltitz flehte um Ruhe. Die SA-Männer lachten rauh und herzlich. Schmidt-Pauli erklärte, er pflege sich nur zu duellieren, wenn es ihm passe. Die Gruppe Grote stand im Chor auf und war überhaupt außer sich über so viel Bosheit und so wenig Kinderstube. Es hagelte Beleidigungen. Zobeltitz schien, nach seinen Mundbewegungen zu urteilen, um Ruhe zu bitten. Die Hölle war los. Als die Konservativen heiser wurden, brüllte Bley, die Geduld seiner Parteigenossen sei nun zu Ende. Und die Geduld des Doktor Goebbels gleicherweise. Ihre Vorstandsliste sei ohne jede Änderung zu genehmigen. Und zwar binnen der nächsten zehn Minuten.

Widrigenfalls würden sie die Sitzung in corpore verlassen und dem Minister sofort Meldung machen. Dieser habe ihnen erklärt, daß er bei Ablehnung ihrer Liste rundweg eine Verbandsbildung überhaupt verbieten werde.

Die Deutschnationalen schwiegen betroffen. Die SA-Dichter legten die Uhren auf den Tisch. Walter Bloem, der an einem Tisch in meiner Nähe saß, röteten sich die studentischen Schmißnarben. Sein Nachbar, der Arbeiterdichter a.D. *Max Barthel*, der damals sein Glück als nationalsozialistischer Poet zu versuchen begann, trank mir heimlich grinsend zu und, wohl weil er sich noch immer als Arbeiter fühlte, gleich aus der Flasche. Er schien verwundert, daß ich ihn für Luft hielt. Zobeltitz ersuchte die Pegasus-SA um einen parlamentarischen, freiheitlichen Fortgang der Sitzung und der Wahl. Einer von ihnen blickte gelangweilt auf die Uhr und sagte knapp: »Noch fünf Minuten.« – Nach Ablauf der Frist war die Liste akzeptiert. Die Gegner unterlagen der Drohung, der Erpressung, der Gewalt und machten erstaunte Kinderaugen.

Auf dem Heimweg überlegte ich mir genau, ob auch nur einmal Worte wie »Literatur«, »Dichtung«, »Schriftstellerei« oder etwas Ähnliches am Rande erwähnt worden waren. Nein, nicht ein einziges Mal. Für einen Uneingeweihten hätte es ebenso gut eine Sitzung des Braunkohlensyndikats oder der Schnürsenkelkleinverteiler sein können. Irgendeine beliebige Sitzung zur Knebelung nichtnationalsozialistischer Verbandsmitglieder.

*

Ein halbes Jahr später schrieb *Paul Oskar Höcker* an Herrn Rassy in Witten, Röhrchenstraße 10: »Ich kann Ihnen nur aus ehrlicher Überzeugung darin beipflichten, daß es zu den unerhörtesten Gräuelmärchen gehört, wenn im Ausland behauptet wird: die geistige Freiheit wäre in Deutschland erschlagen worden und die Dichter liefen alle mit dem Maulkorb herum. Wer irgendwelche persönlichen Beziehungen zu deutschen Schriftstellern unterhält, wird längst über diese hetzerischen Lügen aufgeklärt worden sein.«

Der Arzt und Nibelunge Professor Dr. med. et phil. *Werner Jansen* erklärte scheinbar verblüfft: »Gibt es wirklich im Ausland Narren, die Deutschland so falsch sehen? Wir sind das einzige Volk der Welt, dem die Freiheit gegeben wurde, zu sich selbst zu kommen. Wir haben, gottlob, noch genügend preußische Zucht in uns, um uns dieser Freiheit zu bedienen. Heil Hitler!« Der zarte Poet *Max Jungnickel* meinte entrüstet: »Wo nehmen nur die sogenannten ›Emigranten‹ den Mut her?! ... Wenn sie nur ahnten, wie heute die deutsche Seele befreit aufatmet, wenn sie nur wüssten, wie erledigt und vergessen sie heute schon sind!« Und *Hanns Johst* durfte natürlich auch nicht fehlen. Er schrieb: »Das Ausland arbeitet in seiner Gräuelpropaganda mit dem Schlagwort des Maulkorbes für Geistige im Dritten Reich. Die Tatsache dieser Verdächtigungen genügt als Feststellung; denn was aus diesen Quellen kommt, ist immer Lüge? ... Für die Freiheit des geistigen Deutschland garantiert das Niveau der Deutschen Akademie der Dichtung.«

So gingen damals die Hüter des Worts mit Worten wie Freiheit, Geist, Dichtung, Ehrlichkeit und deutsche Seele um. Solche Lügner waren sie geworden. Und heute will's keiner gewesen sein! Es war schon schlimm genug, daß sie der Knebelung und Vergewaltigung der deutschen Literatur stumm und fromm zusahen. Daß sie aber diese äußerste Sklaverei gar noch als Freiheit des Geistes priesen und besangen, das ist ein geradezu unfaßlicher, das ist der niederträchtigste

Verrat an ihrer Aufgabe, der sich ausdenken läßt. Es ist kein Wunder, daß die braune Parteibürokratie diesen Leuten das Einzige entgegenbrachte, was sie verdienten: Verachtung.

Als ich, etwa ein Jahr später, Ende 1934, mit dem damaligen stellvertretenden Präsidenten der Reichsschrifttumskammer, einem Doktor Wißmann, zu sprechen hatte und ihm sagen mußte, daß wir uns unter anderem vielleicht auch deswegen so überhaupt nicht verstünden, weil er kein Fachmann sei, und ich mich deshalb etwas lieber statt mit ihm mit seinem Vorgesetzten, dem Präsidenten *Hans Friedrich Blunck*, unterhalten wolle, der doch wenigstens ein Berufskollege von mir sei, erwiderte Wißmann, höhnisch lächelnd und vor Zeugen: »Blunck hat gar nichts zu sagen!«

So viel galten die deutschen Dichter und Freiheitssänger damals im eigenen Haus und bei ihrer eigenen Partei. Sie galten so viel, wie sie wert waren.

1946

ÜBER DAS AUSWANDERN

Am selben Tage, an dem, vor nun fast vierzehn Jahren, in Berlin das Reichstagsgebäude brannte, traf ich, aus Meran kommend, in Zürich ein, wohin mir ein deutscher Verleger entgegengereist war. Er gab mir den Rat, in der Schweiz zu bleiben; und einige Kollegen, die bereits emigriert waren, Anna Seghers befand sich unter ihnen, teilten seine Meinung. Die deutschen Zeitungsagenturen meldeten, die Kommunisten hätten den Reichstag angezündet. Uns allen war klar, daß es sich im Gegenteil um ein Manöver Hitlers handelte, hinter dem sich nichts weiter verbergen konnte als die Absicht, geplante innenpolitische Gewaltmaßnahmen mit dem Schein des Rechts in Gegenmaßnahmen umzufälschen. Er fingierte diesen Angriff seiner politischen Feinde, um ihre Vernichtung als bloße Selbstverteidigung hinzustellen. Daß ich trotzdem nach Berlin zurückkehren wollte, führte in dem kleinen Züricher Café zu lebhaften Auseinandersetzungen. Kurz bevor mein Zug aus Zürich abfuhr, kam am Nebengleis ein Schnellzug aus Deutschland an. Dutzende von Bekannten und Kollegen stiegen aus. Sie waren über Nacht geflohen. Der Reichstagsbrand war das Signal gewesen, das sie nicht übersehen hatten. Als sie mich und meine Absicht erkannten, verstärkten sie den warnenden Chor der Freunde. Ich aber fuhr nach Berlin zurück und bemühte mich in den folgenden Tagen und Wochen, weitere Gesinnungsgenossen von der Flucht ins Ausland abzuhalten. Ich beschwor sie zu bleiben. Es sei unsere Pflicht und Schuldigkeit, sagte ich, auf unsere Weise dem Regime die Stirn zu bieten. Der Sieg dieses Regimes und die schrecklichen Folgen eines solchen Sieges seien, sagte ich, natürlich nicht aufzuhalten, wenn die geistigen Vertreter der Fronde allesamt auf und davon gingen. Sie hörten nicht auf mich. Hätten sie auf mich gehört, dann wären sie heute wahrscheinlich alle tot. Dann stünden sie, auch sie, in den Listen der Opfer des Faschismus. Mir wird, sooft ich daran denke, heiß und kalt. Wenn es mir damals gelungen wäre, auch nur einen Einzigen zu überreden, den man dann gequält und totgeschlagen hätte? Ich trüge dafür die Schuld …

*

Warum ich das erzähle? Um anzudeuten, weshalb ich mir nicht mehr anmaße, anderen Menschen, und wären's die nächsten Freunde, in wichtige Entscheidungen hineinzureden. Von einem einzigen Menschen habe ich das Recht, Ideen zuliebe Opfer zu verlangen: von mir selbst. Ich weiß, daß das ein etwas kläglicher, mediokrer Standpunkt ist. Er hat nur einen Vorrang: den der Ehrlichkeit. Generäle, Parteiredner und Sektengründer haben stärkere Nerven als ich, eine dickere Haut und vielleicht etwas weniger Fantasie. Sie verspielen, wenn's denn sein muss, auch fremde Einsätze, ohne mit der Wimper zu zucken. Ich könnte es nicht.

Damit ergibt sich meine Stellungnahme zu einer Frage, die im heutigen Deutschland zahllose Menschen, und gerade junge Leute, außerordentlich bewegt. Die Frage, ob sie eines Tages, falls sich die Gelegenheit dazu je böte, versuchen sollten auszuwandern. Im sechsten Heft der Münchner

Zeitschrift »Der Ruf« hieß es: »Dies ist der Sachverhalt: Die große Masse der deutschen Jugend trägt sich mit der festen Absicht, Deutschland zu verlassen, sobald sich nur die geringste Möglichkeit bieten sollte.« Und: »Unter etwa sechzig bis achtzig befragten jungen Menschen haben wir keinen gefunden, der uns nicht die Heimat seiner Zukunft schon mit dem Finger auf der Landkarte zeigen konnte.« Ist der Wunsch, das gesunkene Schiff zu verlassen, wirklich so allgemein verbreitet? Ich hoffe, daß der Autor übertreibt. Ich fürchte, daß er recht hat. »Schon die Absicht allein«, schreibt er, »beweist, daß diese Jugend die Lust verloren hat, am Leben Deutschlands teilzunehmen.« Die Lust verloren? Das klingt niederschmetternd. Es klingt, als ob jemand sagte: »Meine Eltern haben ihr Vermögen verloren, ich such mir morgen ein Paar neue!« Früher hätte ich eine solche Gesinnung mit den mir zu Gebote stehenden schriftstellerischen Mitteln bis aufs Äußerste bekämpft. Heute? Heute zucke ich die Achseln und blicke aus dem Fenster. Wenn die jungen Leute erklären: »Wir wollen fort aus diesem zertrümmerten und mit Menschen bis zum Hals vollgestopften Land, um unser Glück woanders zu versuchen«, so habe ich kein Recht, mich ihnen in den Weg zu stellen. 1933 forderte ich andere auf, ihr Leben aufs Spiel zu setzen. Heute bringe ich's nicht einmal über mich, sie aufzufordern, daß sie ihr materielles Glück riskieren. Auch das ist nicht meine, sondern ihre Sache.

Etwas ganz andres ist das Interesse, das ich an der Frage nehme. Denn die Frage und die Antworten darauf sind für die Zukunft unserer Heimat außerordentlich bedeutsam. Auch jetzt schon, wo an Möglichkeiten zur Auswanderung noch gar nicht zu denken ist.

1947

ABRÜSTUNG IN BAYERN

Als Scipio Aemilianus im Jahre 146 v. Chr. Karthago besiegt hatte, wurde die gewaltige Stadt samt ihren Einwohnern von den Römern kurzerhand verlagert. Fort von der Küste des Mittelmeers, landeinwärts. Weitere Punische Kriege sind, wie jeder Gymnasiast freudig bestätigen wird, seitdem nicht mehr vorgekommen. Karthago spielte nie wieder eine politische Rolle. Die »Abrüstung« war hundertprozentig geglückt.

Heutzutage ist so etwas viel schwieriger. Unter anderem schon deshalb, weil man damals ja nur neue Punische Kriege verhindern wollte und nicht, wie nun, den Krieg überhaupt. Ob das möglich sein oder ob es in aller Welt auch nur ehrlich gewünscht wird, kann unsereins als politischer Laie in keiner Weise beurteilen. Der Laie sieht in der Herbeiführung eines Weltfriedens gar kein Problem. Vermutlich ist er farbenblind. Er versteht nicht, worin denn bloß in Zukunft der Sinn und der Zweck großer militärischer Auseinandersetzungen noch liegen könnte, wenn doch hinterdrein, wie diesmal schon, sämtliche Beteiligten frieren, hungern und im Dunkeln sitzen! (Von wichtigeren Dingen, die dann fehlen, ganz zu schweigen.)

Andererseits, bei Raufereien, soweit sie nicht in geschlossenen Staatsverbänden, sondern in engerem Kreise stattfinden, haben ja zum Schluß auch sämtliche Kursusteilnehmer blutige Köpfe, zerfetzte Jacken und zerbrochene Bierkrüge – und trotzdem wird sich eine kräftesparenderc Methode, den Angreifer friedliebend zu stimmen, schon hier schwer einbürgern lassen. Wie gesagt, dem Laien muss wohl der sechste, siebente oder achte Sinn fehlen. Er ist zu unkompliziert. Doch zurück zu den Abrüstungsplänen im weiter gespannten Rahmen. Die Siegerstaaten versuchten bereits die ersten hoffnungsvollen Beispiele guten Willens zu geben, indem sie viele ihrer Marschälle, Admirale und Generäle zu Ministern, Botschaftern und anderen Zivilbeamten umernannten, militärisch also gewissermaßen aus dem Verkehr zogen. Andererseits ist es nur logisch, daß die Abrüstung bei den besiegten Herausforderern des Unheils, bei uns, noch energischer angepackt wurde. Man sprengte Waffenlager. Man versenkte Schiffe. Rüstungsindustrien wurden vernichtet. Zuweilen kam dem Laien der Gedanke, man hätte das eine oder andere Werk vielleicht nicht sprengen sollen. Denn was alles ist nicht schon in die Luft geflogen, als noch Krieg war! Und womöglich hätte man daraus Fabriken machen können, in denen Öfen, Waggons, Töpfe, Tiegel, Löffel und Streichhölzer herzustellen gewesen wären?

Doch wahrscheinlich hat der Laie wieder einmal unrecht. Die Erfinder unserer geheimen Kriegswaffen selber konnte man an Ort und Stelle sicher nicht so ohne Weiteres verwandeln, und so tat man, damit sie hier kein Malheur stiften, etwas recht Vernünftiges: Man lud sie rasch in andere Länder ein. Dort wird man sie fraglos leichter in friedliche Erfinder umarbeiten können. Ach, es gibt ja so viele Möglichkeiten! So viele zukunftweisende Artikel! Ich denke da nur an den Löffel, der, wenn man ihn in die Suppe tunkt, notfalls rufen kann: »Vorsicht, zu heiß!« (Dies wirklich nur am Rande erzählt, als kleine Anregung.)

Eine sehr dringliche Maßnahme war die Erfassung all jener Hieb-, Stich- und Schußwaffen, die sich bei Kriegsende zunächst noch in privater Hand befanden. Um die Ablieferung zu beschleunigen, verschärfte man die andernfalls zu gewärtigenden Strafen. Und um das hierdurch erreichte Resultat noch einmal zu steigern, erließ man kürzlich eine befristete Amnestie. Über deren Ergebnis liegen die ersten Zahlen vor. So wurden beispielsweise der Bayerischen Landespolizei bis zum 17. Februar 1700 Seitenwaffen, 570 Jagdgewehre, 1000 Gewehre und 1000 Pistolen ausgehändigt. Außerdem 20 Maschinenpistolen und 20 Maschinengewehre. Dem Laien ist, wie so oft, auch hier wieder etwas nicht ganz klar. Wollten sich die zwanzig Leute die Maschinengewehre eines Tages zur Erinnerung an große Zeiten übers Sofa hängen? Oder hielten sie die Dinger für fahrbare Ofenrohre? Die Ausbeute war aber noch bunter! Laut DENA wurden allen Ernstes überdies ein Torpedo, 21 Geschütze und drei veritable Panzer abgegeben! Das sind Rekordernten, die an zwei Pfund schwere Ananaserdbeeren und dreißigpfündige Gartengurken erinnern. Und im Kopf des Lesers, der nicht zu den geborenen Waffensammlern gehört, türmen sich die Fragen. Wo, zum Beispiel, hebt man einen Panzer auf? In meiner Wohnung etwa ginge das gar nicht. Eher paßte meine Wohnung in den Panzer! Und dann, wozu versteckt man, wenn man es nun schon zufällig auf dem Nachhauseweg finden sollte, ein Geschütz? Ich habe früher einmal im Nebenberuf mit 15-cm-Haubitzen zu tun gehabt – man hätte mir 1918 so ein Ding nachwerfen können, ich hätte es nicht genommen. Dazu die Angst: Wenn nun am Abend Schneiders zu Besuch kommen, und die Kanone steht im Vorsaal, und es ist doch bei Strafe verboten ... Man muß wohl sehr an seiner alten Waffengattung hängen, um sich mit einem mehrtonnigen Panzer oder einem Granatwerfer zu belasten! Und schließlich der Ärmste, der sich das Torpedo aufgehoben hatte! Er hat es wahrscheinlich nicht gleich abgeliefert, nur weil er nicht ausgelacht werden wollte. Das kann man verstehen. Denn in Schliersee oder Garmisch mit einem Torpedo durchs ganze Dorf ziehen und sich als »Kapitän der reitenden Gebirgsmarine« anöden lassen, ist nicht jedermanns Sache. Nur, wie kam das Torpedo überhaupt einmal in sein Haus? Panzer und Kanonen können natürlich, wenn eine Armee sich auflöst, auch in Bayern plötzlich herrenlos herumstehen. Aber ein Torpedo?

Die Zählung und Sichtung der während der Amnestie abgelieferten Waffen ist noch nicht endgültig abgeschlossen. Es sind also noch weitere Überraschungen möglich. Leider wird die eine nicht darunter sein: daß die Gangsterbanden, die sich breitmachen, am hellichten Tage Polizisten und Passanten über den Haufen knallen und sich auch sonst wie in Kriminalfilmen aufführen, die Amnestie wahrgenommen haben. Ihre Messer, Revolver und Maschinenpistolen wird sich die Polizei leider, Stück für Stück und Schuß um Schuß, persönlich bei den Besitzern abholen müssen.

1947

»NE PAS TIRER!« »NICHT SCHIESSEN!«

Leopold Schwarz, der Verfasser des Buches »Zwanzig Jahre später«, erzählt einmal von der Aufführung eines Kriegsfilmes in Frankreich. Die Szene gab den Blick von den französischen Stellungen aus frei auf die deutschen Linien. »Drüben« schaukelte ein Schmetterling über dem vordersten Graben, aus dem plötzlich die Gestalt eines deutschen Soldaten auftauchte, der, aller Gefahr vergessend, die Hand nach dem Falter ausstreckte und ihm lachend nachblickte. In diesem Augenblick legte ein Franzose mit dem Gewehr auf ihn an. Da tönte der entsetzte Schrei einer Frau aus den Reihen im Zuschauerraum: »Ne pas tirer!« (Nicht schießen!) – Es war eine Mutter gewesen, deren einziger Sohn im Krieg gegen Deutschland gefallen war.

Während des ersten Weltkrieges schrieb ein deutscher Emigrant, von Haus aus fränkischer Zimmergeselle, in der Schweiz ein Buch mit dem Titel »Der Mensch ist gut«. Nach dem Krieg kehrte Leonhard Frank, so heißt der Autor, heim und wurde ein zu Recht bewunderter Schriftsteller, dessen Romane »Die Räuberbande« und »Das Ochsenfurter Männerquartett« zum Schönsten gehören, was in den zwanziger Jahren unseres Jahrhunderts in Deutschland geschrieben wurde. Dann kam das Dritte Reich und Leonhard Frank verließ die Heimat zum zweitenmal. Noch wissen wir nicht, was für Bücher er diesmal in der Fremde veröffentlicht hat, aber davon, daß der Mensch gut ist, werden sie kaum handeln. »Der Mensch ist böse« wäre ein bequemerer Buchtitel, »Der Mensch ist dumm« wäre wahrscheinlich der treffendste. Und wenn man gute Taten berichten soll, muß man länger nachdenken, viel länger, als wenn nach Missetaten gefragt wird. Ich habe in meinem Gedächtnis gekramt wie in einem alten Schrank. Manche Erinnerungen an kluge Entschlüsse, tapfere Handlungen und wohltätige Unterlassungen gerieten mir dabei in die Hand. Waren es gute Taten gewesen? Endlich beschloß ich, die Geschichte vom Oberstleutnant D. aufzuschreiben:

Oberstleutnant D. war im ersten Weltkrieg aktiver Offizier und hatte dann wie viele seiner Kameraden den Beruf gewechselt. Als ich ihn 1930 kennenlernte, war er Produktionsleiter einer Berliner Filmfirma. Ein schwerer, behäbiger Mann, gebildet und belesen. Eine bezeichnende Anekdote mag zu seiner Charakterisierung angeführt werden: Als einmal im Vorzimmer ein bekannter Schauspieler wartete, hörte man D. nebenan ohrenzerreißend brüllen. »Was hat er denn?« fragte der Schauspieler neugierig. »Er spricht mit Paris«, erwiderte die Sekretärin. Dann meinte der Schauspieler gespielt naiv: »Ja, warum telefoniert er denn nicht?«

Nun, man merkt ungefähr, was D. für ein Mensch war. Im Dritten Reich verließ er die Firma, und ich sah ihn erst während des Krieges wieder. Zunächst als Major, später als Oberstleutnant. Er war reaktiviert worden und stand, da er nicht mehr der Jüngste und zudem kränklich war, einem Kriegsgefangenenlager vor, in dem sich französische Offiziere befanden. Wir begegneten einander zuweilen in einem kleinen Lokal am Kurfürstendamm in Berlin, und manchmal setzten wir uns zusammen und unterhielten uns. Er erzählte von dem Lager. Von den französischen Offizieren.

Von den Wachmannschaften. Gab es Alarm, gingen wir miteinander in den Keller. Eines Abends kam das Gespräch auf den Film »La grande illusion« (Die große Illusion), den die Franzosen zwischen den beiden Kriegen gedreht hatten. Einen wundervollen Film, in dem Erich von Stroheim den Kommandanten eines Gefangenenlagers französischer Offiziere gespielt hatte. Für dieses Thema war D. wie keiner kompetent. Er selber war ja so ein Lagerkommandant, und außerdem war er jahrelang beim Film gewesen und wollte später einmal wieder dahin zurück. Das nächste Mal sagte er: »Ich habe Ihnen ein Manuskript in die Manteltasche gesteckt. Gehen Sie vorsichtig damit um. Es ist ein Stoff, den ich nach dem Kriege drehen will. Ich bin kein Autor. Das Drehbuch müßten Sie schreiben. Wenn es soweit ist, zähle ich auf Sie!« Es war ein Stoff, der sich leidenschaftlich für die deutsch-französische Verständigung einsetzte. Und in späteren Unterhaltungen wurde für mich immer deutlicher, mit welcher Hingabe D. seinem Plane anhing, durch einen großen Film der notwendigen Versöhnung der beiden feindlichen Brudervölker aufrichtig und entscheidend zu dienen. Es gab für ihn nur noch dieses eine Ziel. Es beschäftigte ihn pausenlos. Ob er mit mir im Keller auf die Bombeneinschläge wartete, ob wir bei einem Glase Wein flüsternd debattierten, ob er von seinem Dienstzimmer aus auf die Wachtürme des Lagers starrte oder die Rapporte las – immer dachte er an die Aufgabe, die er sich gestellt hatte.

Als der Zusammenbruch kam, wollten üble Elemente der Wachmannschaften die französischen Offiziere niederschießen. Es gelang Oberstleutnant D. unter eigener Lebensgefahr, das Ärgste zu verhüten. Die Gefangenen wurden von den Alliierten befreit und in Sicherheit gebracht. Und D. wurde von den Befreiern ins Gefängnis geworfen. Er war krank. Die Unterbringung und die Kost waren in den ersten Wochen des Durcheinanders schlimm. Außerdem mochte man denken, einem Lagerkommandanten geschehe ganz recht, wenn er am eigenen Leibe merke, was Gefangenschaft heiße ...

Schließlich gelang es den französischen Offizieren, die seine Gefangenen gewesen waren, D.s Aufenthalt zu ermitteln. Er lebte noch. Man brachte ihn ins Krankenhaus und tat alles, ihn zu retten. Es war zu spät. Er starb.

Das Schicksal neigt manchmal zur Schadenfreude. Im Fall des Oberstleutnants D. gab es dieser seiner Neigung außerordentlich nach. Es sprang mit ihm um, als seien Menschen seiner Art billig wie die Brombeeren. Daß dem nicht so ist, merken wir heute eindeutig genug. *Und was wird aus seinem Plan?*

1947

Scharf eingestellt

Wenn nichts auf der Welt Fortschritte gemacht hat — die Armut hat es getan. Wer früher für arm galt und das wenige noch besitzt, was er einst besaß, ist nun reich. Unsere Maßstäbe haben sich verändert. Viele sind sich des Wandels noch immer nicht bewußt. Es wird Zeit, daß sie ihren neuen Pflichten nachkommen. Solange es Flüchtlinge gibt, die mit ihren Kindern auf dem Fußboden eines ausrangierten Viehwagens schlafen, sind leere Betten in Rumpelkammern eine Schande. *E. K.*

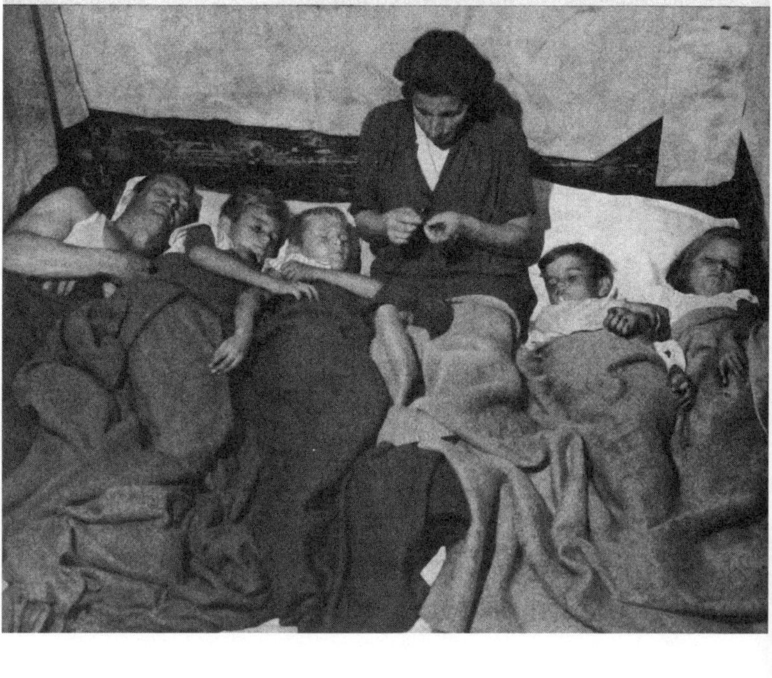

SCHARF EINGESTELLT

Wenn nichts auf der Welt Fortschritte gemacht hat – die Armut hat es getan. Wer früher als arm galt und das wenige noch besitzt, was er einst besaß, ist nun reich. Unsere Maßstäbe haben sich verändert. Viele sind sich des Wandels noch immer nicht bewußt. Es wird Zeit, daß sie ihren neuen Pflichten nachkommen. Solange es Flüchtlinge gibt, die mit ihren Kindern auf dem Fußboden eines ausrangierten Viehwagens schlafen, sind leere Betten in Rumpelkammern eine Schande.

1947

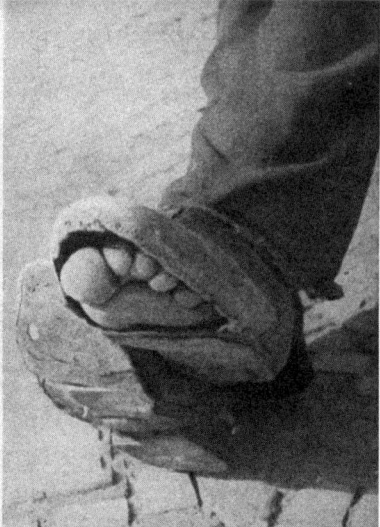

Scharf eingestellt

Zwei Steckbriefe von Kopf bis Fuß. Der eine Mann: 50jährig, tuberkulös, arbeitsunfähig, 35 Mark Monatsrente. Nichtwerktätige erhalten keine Schuhbezugsscheine, sagt das Wirtschaftsamt. Wer nicht arbeitet, braucht auch nicht zu laufen. Der andere: 21 Jahre alt, 1945 Flakhelfer, 1946 Kraftfahrer und Transportarbeiter, 1947 Schwarzhändler. Das nennt man Karriere. Die solide gesteppten Maßschuhe kosten die Kleinigkeit von nur 2500 Mark. Die Zeit ist aus den Fugen, — sagt diesmal nicht das Wirtschaftsamt, sondern Hamlet.

E. K.

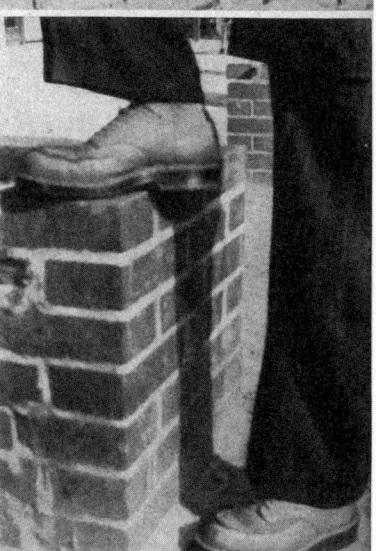

SCHARF EINGESTELLT

Zwei Steckbriefe von Kopf bis Fuß. Der eine Mann: 50jährig, tuberkulös, arbeitsunfähig, 35 Mark Monatsrente. Nichtwerktätige erhalten keine Schuhbezugsscheine, sagt das Wirtschaftsamt. Wer nicht arbeitet, braucht auch nicht zu laufen. Der andere: 21 Jahre alt, 1945 Flakhelfer, 1946 Kraftfahrer und Transportarbeiter, 1947 Schwarzhändler. Das nennt man Karriere. Die solide gesteppten Maßschuhe kosten die Kleinigkeit von nur 2500 Mark. Die Zeit ist aus den Fugen, – sagt diesmal nicht das Wirtschaftsamt, sondern Hamlet.

1947

STIMMEN VON DER GALERIE

Im November 1948 ereignete sich während einer Sitzung der UNO-Delegierten im Pariser Trocadero ein seltsamer Zwischenfall. Es war übrigens der erste Zwischenfall, der nicht von den Delegierten höchstselbst, sondern von einigen Tribünenbesuchern angezettelt wurde. Also von nichtsnutzigen Müßiggängern, die von der Galerie aus den weisen Baumeistern des Weltstaates zusahen und zuhörten und die dann, als sei ihnen Hören und Sehen vergangen, gegen alle Regeln der Geschäftsordnung in die Debatte eingriffen. Es handelte sich um etwa dreißig junge Leute, und sie riefen plötzlich unter der Chorleitung eines großen blonden Mannes den ehrwürdigen Herren drunten im Saale zu: »Schluß mit der Komödie!« Sie schrien: »Es ist ein Skandal, wie hier gearbeitet wird!« Sie brüllten: »Wir haben genug von eurem Café Trocadero!«

Wer um alles in der ganzen Welt waren diese Schreier? Chauvinistische Jugend? Jeunesse dorée? Gaullisten? Gaulisten? Faschistische Wüteriche? Etliche unter den ungebärdigen Burschen zerrissen ihre Pässe und warfen die Fetzen auf die ehrwürdigen Häupter der erstaunten und gekränkten Delegierten. Zerreißen Jungnationalisten ihre Pässe? Dergleichen entspricht eigentlich nicht ihren Gepflogenheiten ...

Es waren keine Nationalisten. Den Weltbaumeistern, die sich ärgerlich umwandten und zur Galerie hinaufblickten, blieb verblüfft der Mund offen. Sie erkannten den großen blonden Mann! Und die Polizisten, die kurz darauf ihn und die übrigen Weltfriedensstörer verhafteten und abführten, erkannten ihn auch! Sie hatten schon mehrfach mit diesem unbequemen Menschen zu tun gehabt. Eines schönen Tages hatte er, vor Monaten, auf dem UNO-Gelände am Eiffelturm sein Feldbett aufgeschlagen. Ein lästiger, ein außerordentlich lästiger Ausländer, der den Polizisten und Journalisten rundheraus erklärt hatte, er sei weder Aus- noch Inländer, sondern etwas völlig Neuartiges. Er, Garry Davis aus den USA, sei Weltbürger. Er sei der Weltbürger Nummer Eins.

Merkwürdig an dem Vorfall ist natürlich nicht, daß Garry Davis mit seinen Kumpanen verhaftet und aus dem Saal entfernt wurde. Wer demonstriert, stört. Wer stört, wird von den Hütern der Ordnung ein bißchen eingesperrt. Es gehört zu den Spielregeln. Demonstranten wissen das. Sie haben damit zu rechnen, und sie rechnen damit. Merkwürdig ist etwas anderes. Merkwürdig ist, daß in dem Saale, in dem über Weltstaat, Weltfrieden und Weltpolizei diskutiert wurde, Menschen demonstrierten, die genau den gleichen Zielen entgegeneifern.

Oder – ist es gar nicht so merkwürdig?

Als Davis und seine französischen Freunde »Schluß mit der Komödie!« riefen, kritisierten sie nicht die Sache, nicht die Ziele, sondern die Methoden. Sie demonstrierten um der Sache willen, die ihnen am Herzen liegt. »Es ist ein Skandal, wie hier gearbeitet wird!« schrien sie, und sie dachten dabei an die krampfhaften Anstrengungen der Diplomaten, die Souveränität ihrer Staaten zu erhalten, statt sie im Interesse der »Vereinigten Nationen« schrittweise aufzugeben. Sie dachten an das spitzfindige Getue um die Atombombe. Sie dachten an die Friedensschalmeien auf den Konferenzen und an die Wiederaufrüstung in den Ländern. Sie dachten, als sie von französischen Polizisten arretiert wurden, an die Weltpolizei. Sie dachten an das chinesische Volk. Sie dachten an die Berliner Bevölkerung. Und sie mochten wohl auch denken: »Wenn der Weltstaat auf diese Weise zustande kommt, haben wir zwar den letzten Weltkrieg hinter uns, aber den ersten Welt-Bürgerkrieg vor uns!« Es war nahezu konziliant, daß sie: »Schluß mit der Komödie!« riefen. »Tragikomödie« hätte besser gepaßt. Die Staaten sollen, zu Nutz und Frommen ihrer Bürger, Harakiri begehen. Sie haben sich prinzipiell dazu bereit erklärt. Doch so oft sie auf das kitzlige Thema zu sprechen kommen, sagt jeder zum andern: »Bitte, nach Ihnen!« Das ist ebenso höflich wie sinnlos. Garry Davis und allen übrigen einzelnen, die das Menschheitsbegehren nach Schlichtung und Frieden teuer sind, reißt die Geduld. Sie zerreißen ihre Pässe. Dreißig Franzosen wurden mit Davis verhaftet. Zwanzig Hamburger teilten demselben Davis neulich mit, daß auch sie Weltbürger geworden seien. Henry Martyn Noel aus USA verzichtete »auf jede Staatsbürgerschaft überhaupt« und kam nach Deutschland, um als Staatenloser beim Aufbau mitzuhelfen. Eine deutsche Gruppe, deren Wortführer, Stefan Zickler, in Bad Nauheim ansässig ist, erklärt in einem »Weltbürgerschaft« überschriebenen Manifest: »Wir sind der Ansicht, daß die Mehrheit aller Menschen einen Zusammenschluß wünscht. Alle Widerstände gehen von kleinen, aber starken Minderheiten aus, die als Interessengruppen, Parteien oder Politiker überholte Rechte erhalten oder Sonderwünsche berücksichtigt wissen wollen ... Wir sind als Weltbürger der Ansicht, daß die

Menschenrechte oft genug proklamiert und debattiert wurden und daß es an der Zeit ist, endlich eines der Rechte – das Recht der Freizügigkeit für alle – auch zu verwirklichen. Regierungen und Organisationen sind bisher gescheitert. Jetzt soll jeder selbst entscheiden; wir fordern als Weltbürger die Anerkennung von Weltbürgerpässen als Personalausweis, Paß und Visum. Die Grenzen müssen fallen.«

Die Stimmen von der Galerie mehren sich. Noch werden die Rufer als Demonstranten verhaftet und als Sektierer belächelt. Das müßte nicht so bleiben. Die Zahl der Stimmen entscheidet. Viele Millionen Bewohner eines Landes, das uns sehr am Herzen liegt, könnten sich zum Weltbürgertum bekennen. Sie brauchten nicht einmal ihre Pässe zu zerreißen. Sie haben nämlich keine.

1. Die Glosse erschien 1949. Mittlerweile haben nun auch wir wieder Pässe.
2. Garry Davis ist nach USA heimgekehrt und Herausschmeißer in einem Nachtklub geworden.
3. Man sieht: Mit der Zeit renkt sich alles ein.

1949 / 1952

DAS DROHENDE SCHMUTZ- UND SCHUNDGESETZ

Ein paar Beispiele? Bitte sehr!

Wer die Zusammenhänge und Hintergründe nicht kennt, wird den Eifer, mit dem die angekündigten Schmutz- und Schundgesetze angegriffen und verteidigt werden, nicht ganz verstehen. Nun: Es handelt sich um eine alte Fehde, die jede Generation von neuem austrägt und austragen muß. Denn diese Fehde beruht auf echter, natürlicher Feindschaft. Die Anlässe, die Gründe und die Methode der Auseinandersetzung sind, mindestens seit der *Lex Heinze* im Jahre 1900, immer die gleichen.

Noch jedesmal wurde ein vorübergehendes Ansteigen minderwertiger Druckerzeugnisse dazu benutzt, die Gasse der Geistesfreiheit durch Gesetze bleibend zu blockieren. Der Grund ist legitim: Je ungehinderter Kunst, Literatur und Forschung ihren Weg weitergehen, um so mehr sinkt der Einfluß der konservativen Kräfte.

Und noch jedesmal bedienten sich die Streiter *für* ein Zensurgesetz der gleichen Parole, um die Gegner öffentlich zu diffamieren. Sie sagten – und sie sagen auch heute –: Wer *gegen* ein Schmutz- und Schundgesetz ist, ist *für* Schmutz und Schund. Wer gegen das Gesetz ist, dem ist es einerlei, was aus der Jugend wird. Diese Parole ist ein Jahrmarktsschwindel, wo und von wem er auch angewandt wird. Wir sind selbstverständlich *dafür*, daß man die Kinder bewahre. Aber freilich, wir sind aufs entschiedenste dagegen, daß man, unter diesem Vorwande, aus dem Staat eine Kinderbewahranstalt macht! Dieser Vergleich stammt übrigens nicht aus dem Jahre 1950, sondern aus dem Jahre 1914. Und damit steuere ich auf einen ebenso notwendigen wie kurzen historischen Überblick zu, um Ihnen den Kulturkampf innerhalb eines halben Jahrhunderts und seine stupende Gleichförmigkeit zu skizzieren.

1. Am 25. Juni 1900 wurde, anschließend an den Prozeß gegen einen Berliner Zuhälter namens Heinze, eine Novelle zum RStGB erlassen, die seitdem die »*Lex Heinze*« hieß. Über die Hintergründe heißt es im Brockhaus: »In den vorhergehenden Beratungen hatte das Zentrum mit Unterstützung der Konservativen auch mehrere Bestimmungen zur Beschränkung der künstlerischen und literarischen Freiheit eingefügt, die aber angesichts des erregten Widerspruchs der betroffenen Kreise doch noch beseitigt wurden.«

2. Im Jahre 1914, kurz vor Kriegsausbruch, war es wieder einmal soweit. Das geplante Gesetz kam nicht zustande.

3. Der nächste Schlag wurde im Jahre 1926 geführt, und zwar vom damaligen Innenminister *Külz*. Der Schlag gelang. Das »Schmutz- und Schundgesetz« kam zustande.

War ein solches Gesetz »nötig«? Mit Hilfe des § 184 StGB wurde zur selben Zeit eigentlich ganz munter regiert. Ein paar Beispiele? Bitte sehr!

»Verzeichnis der auf Grund des § 184 des Reichsstrafgesetzbuches eingezogenen und unbrauchbar zu machenden, sowie als unzüchtig verdächtigen Schriften. (Der Vermerk § 40 bedeutet, daß die Einziehung, § 41, daß die Unbrauchbarmachung angeordnet ist):

Gottfried Benn, Aktionslyrik; Kleist, Amphitryon; Emile Zola, Der Bauch von Paris (§ 41); George Sand, Beichte eines jungen Mädchens; August Strindberg, Beichte eines Toren (§ 41); Guy de Maupassant, Das Bett und andere Novellen; Frank Wedekind, Die Büchse der Pandora (§ 40); Richard Hülsenbeck, Dada-Almanach; Richard Dehmel, Dichter der Gegenwart; Edgar Allan Poe, Du hast's getan; v. Goethe, Römische Elegien und venezianische Epigramme; Edmond de Goncourt, Die Dirne Elisa; Honoré de Balzac, Drollige Erzählungen; Boccaccio, Die 100 Erzählungen des Dekameron (§ 40, 41); Apuleius, Der goldene Esel; Villiers de L'Isle-Adam, Die Eva der Zukunft; Verlaine, Frauen (§ 41); Octave Mirbeau, Der Garten der Qualen (§ 40); Barbey d'Aurevilly, Das Gastmahl der Lästerer; Aug. Forel, Die sexuelle Frage; Maupassant, Geschichten im Barockstil; Goethe, Hanswursts Hochzeit; Couperus, Heliogabal; Lukian, Hetärengespräche; Grosz, Ecce homo; Zola, Liebesblätter; Zille, Berliner Luft; Aristophanes, Lysistrata; Zola, Nana; Diderot, Die Nonne; Lautensack, Pfarrhauskomödie; Schnitzler, Der Reigen; Victor Hugo, Roman der kleinen Violetta; Hans Blüher, Wandervogelgeschichten; Richard Dehmel, Weib und Welt; Kropotkin, Worte eines Rebellen.«

4. So war, wie man sieht, das Ansehen der Literatur hinreichend geschwächt. Nun brauchte Dr. *Goebbels* nur noch am 31. März 1935 mitzuteilen, das Schmutz- und Schundgesetz sei außer Kraft gesetzt durch den erweiterten Plan »nicht nur die Jugend, sondern das ganze Volk gegen schädliche Schriften jeder Art zu schützen«.

5. Da seit 1949 erneut entsprechende Gesetze geplant wurden, faßte das PEN-Zentrum Deutschland am 18. November 1949 folgende Resolution:

»Das PEN-Zentrum Deutschland wendet sich mit Entschiedenheit gegen Maßnahmen und Tendenzen in allen Teilen Deutschlands, die das freie literarische Schaffen beeinträchtigen. Die direkte oder indirekte Zensur widerspricht der Internationalen PEN-Charter. Wir protestieren auch heute schon gegen die Einführung eines sogenannten Schmutz- und Schundgesetzes, weil wir seine mißbräuchliche Anwendung kennen und fürchten.«

*

Und schließlich: wir haben *Bundesgenossen* bekommen, mit denen wir nicht im Traume rechnen konnten. Nämlich aus den Reihen jener Männer, die von Amts wegen mit der Vorbereitung des Gesetzes beauftragt sind!

Das *bayerische Justizministerium* hat erklärt:

»Die Bedenken des Justizministeriums richten sich gegen eine genaue Definition von ›Schmutz und Schund‹, die es auch im alten Reichsgesetz von 1926 nicht gegeben hat. Ferner bestehen gewisse strafrechtliche Bedenken, weil durch ein neues Gesetz die entsprechenden Bestimmungen des Strafgesetzbuches wesentlich an Bedeutung verlieren würden.«

*

Wird der Bundestag im Jahre 1951 das Gesetz annehmen oder ablehnen? Es gibt genug Gegner des Entwurfs und zahlreiche wohlmeinende Befürworter.

Die freilich, denen ihre christliche Moral unter Hitler besser gewahrt erschien als heute, denen die Scheiterhaufen willkommener wären, auf denen man die Bücher von Thomas und Heinrich Mann, von Döblin, Zweig und anderen verbrannte, lieber als die Freiheit des Geistes – ihnen lassen Sie mich sagen, was ich 1932 den Gegnern von damals zurief:

Ihr wollt die Uhrenzeiger rückwärtsdrehen
und glaubt, das ändere der Zeiten Lauf?
Dreht an der Uhr! Die Zeit hält niemand auf!
Nur – eure Uhr wird nicht mehr richtiggehen.

1950

ÜBER DIE ZIELE DES PEN-CLUBS

Meine Damen und Herren!
Da Darmstadt unser PEN-Zentrum nun schon zum zweiten Mal aufs Gastlichste beherbergt, ist es ein Akt der Höflichkeit und an der Zeit, daß die Gäste den Gastgebern einmal mitteilen, wen eigentlich sie so freundlich willkommen heißen und bewirten. Denn wenn Ihnen auch einzelne unserer Mitglieder als Person, womöglich als Persönlichkeit bekannt sein mögen, – über den Club selber dürften Sie, oder doch einige von Ihnen, nur unzureichend orientiert sein. So ist mir die Aufgabe zugefallen, Ihnen unseren Club vorzustellen.

Freilich, der PEN, seine Geschichte, sein Wesen und seine Ziele, kurz, eben doch ein Vereinsporträt, gehören kaum zu den sonderlich spannenden Sujets, wahrscheinlich schon nicht für den Referenten, und bestimmt nicht für die Zuhörer. So empfiehlt es sich, aus dem Akte der Höflichkeit, der uns angeraten schien, keinen Fünfakter zu machen. Ich werde Ihnen also den PEN-Club vorstellen, ohne daß diese Vorstellung zur »Vorstellung« ausartet.

Um zu umreißen, was der PEN ist und will, bietet sich die Methode an, zunächst abzustecken, was er *nicht* ist und was er demzufolge *nicht* will. *Erstens* einmal ist der PEN kein Berufsverband, der sich etwa um das Zustandekommen und die Innehaltung von Normalverträgen zu kümmern hätte, um die Beratung und den Rechtsschutz seiner Mitglieder, um not- und nötigenfalls zu gewährende Beihilfen und darum, möglichst alle Leute der Feder mehr oder minder gewerkschaftlich und regional dem Verband einzugemeinden. Derartige Aufgaben erfüllen, oft sehr gut, wenn nicht gar ausgezeichnet, die Schutzverbände der Schriftsteller.

Zum Zweiten ist der PEN keine Akademie. Akademien nähren seit jeher einen Ehrgeiz anderer Art. Mögen sie nun ihre Mitgliederzahl aristokratisch beschränken oder, ganz im Gegenteil, darauf aus sein, möglichst viele namhafte Autoren zu Akademikern zu ernennen, so haben sie stets die gleichen »akademischen« und rühmlichen Ziele. Sie planen und schaffen Wörterbücher. Sie konstituieren sich als das nationale Sprachgewissen ihrer Epoche. Sie publizieren wichtige Manuskripte, die sonst keinen Verleger fänden. Sie verleihen Preise, vergeben an verdiente Männer einen Ehrensold und bemühen sich, mit unterschiedlichem Erfolg, um Repräsentation.

Auch das ist die Sache des PEN nicht, und sollte er, seit seiner Gründung in den zwanziger Jahren unseres Jahrhunderts, repräsentativ geworden sein, so nicht, weil er sich darum bemüht hätte, sondern dank der Lauterkeit seiner Ziele. Der PEN ist, wie dies bei seinem Geburtsorte, England, nicht gerade Wunder nimmt, ein Klub. Und er unterscheidet sich von allen Schriftstellerverbänden und Akademien nicht nur durch seinen Klubcharakter und durch sein Programm, sondern, und das hängt untrennbar mit dem Programm zusammen, durch seine Internationalität. Mehr als fünfzig nationale Zentren gehören dem Internationalen PEN an, und jedes Jahr treffen sich zwei- bis dreihundert Delegierte, und jedes Jahr in einem anderen Gastlande, zu dem vom

Exekutivkomitee sorgfältig vorbereiteten einwöchigen Kongreß. Man diskutiert literarische Themen und berät in den Delegiertensitzungen Angelegenheiten des Klubs. Turbane, Sarongs, Kimonos und Tropenanzüge sind ebenso vertreten wie uns geläufigere Kopfbedeckungen und Trachten, und die europäischen und amerikanischen Schriftsteller sitzen zwischen und unterhalten sich mit den Kollegen aus Jamaika, Indien, Japan, Pakistan, Israel, Uruguay, Indonesien, Chile und der Türkei, als gäbe es unter Schriftstellern von einigem Rang, außer ihren Muttersprachen, keine nennenswerten Unterschiede. Und es gibt ja diese Unterschiede auch gar nicht, wenn ein gemeinsames Programm vorhanden ist!

Daß die Mitglieder als Schriftsteller qualifiziert, daß ihr Talent und ihre Leistung erwiesen sein müssen, ist eine Selbstverständlichkeit. Weit weniger selbstverständlich, umso wichtiger und deshalb so gründlich formuliert sind die kategorischen Gesichtspunkte für die Mitgliederauslese in ethischer Hinsicht. Wem die Mitgliedschaft angetragen wird, der muß sich durch seine Unterschrift unmißverständlich verpflichten, sein Talent niemals gegen, sondern immer für die Erhaltung zweier Werte einzusetzen, in Nichtachtung derer der Schriftsteller zum Staatstrompeter, zum Wortgärtner, zum Charlatan oder zum geistigen Bandenführer wird. Die beiden Werte und Worte sind »Freiheit« und »Frieden«, – wir alle haben erfahren und erfahren täglich aufs neue, daß man diese Worte und Werte abnützt und mit Füßen tritt wie die Kokosmatten vor den Türflügeln der Konferenzsäle! In der PEN-Charter haben »Freiheit *und* Frieden« ihren alten und unveräußerlichen Sinn behalten.

Die Zumutungen unseres Zeitalters haben die Grenzen des Zumutbaren längst überschritten. Jene Vorgänge und Prozeduren, die man im Präsens »Politik« nennt und im

Perfektum – im »Perfektum«, welch ein Hohn – »Geschichte«, sie haben dem 20. Jahrhundert den Un-Ehrentitel des »Jahrhunderts der Angst« eingetragen. Freilich, auch früher gab es Usurpation und Kerker, Verfolger und Verfolgte, Bedrohung und Flucht, Gewalt und Furcht, Fremde und Heimweh. Doch unserm Jahrhundert blieb es vorbehalten, die Barbarei zur Perfektion zu bringen.

Als im Dritten Reich die Bücher verbrannt und die Menschen verfolgt wurden, war der Internationale PEN die erste Organisation, die, lange vor den Staaten und der Kirche, den Kontakt demonstrativ unterbrach. Und nach dem Zusammenbruch war der Internationale PEN die erste Organisation, die uns wieder aufnahm. Beide Entschlüsse, an deren zweitem ich mithelfen durfte, fielen dem Kongreß nicht etwa leicht; denn mögen die Ziele auch feststehen, so sind doch über den richtigen Weg Meinungsverschiedenheiten unvermeidlich, wenn die Vertreter von mehr als fünfzig Zentren darüber zu befinden haben.

Nun, der deutsche PEN in der Bundesrepublik steht gleichberechtigt und, mit nahezu hundert angesehenen Mitgliedern, durchaus ebenbürtig neben ihnen. Wir sind, einer neuen Klubregelung folgend, dazu übergegangen, auch bedeutende Gelehrte und Verleger aufzunehmen, und glauben, damit durchaus im Sinn und Interesse des PEN-Gedankens zu handeln. Ob Romancier oder Soziologe, ob Verleger oder Lyriker, ob Dramatiker oder Atomphysiker, jeder von uns nimmt die Gelegenheiten beim Schopfe, auf seine Weise für die Humanität zu wirken, und das Zugehörigkeitsgefühl zu einer fast über die ganze Erde verbreiteten internationalen Vereinigung ist dazu angetan, diese Wirksamkeit zu steigern. Der mögliche Einwand von Skeptikern, der geistige Mensch könne nichts tun, zielt an uns vorbei. Einwände solcher Art hat sich, in grauen Stunden, jeder unter uns wohl schon selber vorgelegt. Aber, meine Damen und Herren, Resignation ist kein Gesichtspunkt.

1952

RESIGNATION IST KEIN GESICHTSPUNKT

Meine Damen und Herren!

Ich habe mir für den Hausgebrauch eine Maxime zurechtgezimmert. Sie lautet: Resignation ist kein Gesichtspunkt. Der Satz ist faßlich, handlich und tut, oft genug, seine Dienste. Manchmal aber mustere ich ihn skeptisch und fange an, ihn zu bezweifeln. Denn manchmal – und jetzt maße ich mir an, auch in Ihrem Namen zu sprechen – manchmal werden wir müde. Dann fragen wir uns leise und erschöpft: Vielleicht ist Resignation *doch* ein Gesichtspunkt? Ist unser Jahrhundert, das man hoffärtig »das Jahrhundert des Kindes« tituliert hat, denn nicht auch jener Zeitabschnitt, worin der Nullpunkt der Menschlichkeit und der Menschheit erreicht wurde? Und ist der Ehrentitel denn nicht nur eine Redensart, und war das Absinken der Humanität auf den Nullpunkt nicht Tatsache und Erfahrung?

Manchmal werden wir müde, wie nach einer Krankheit auf Leben und Tod. Und uns ist nicht damit gedient, daß man uns dann erzählt, die Zeiten der Mongolenstürme, der Pest und der Inquisition seien genauso schlimm gewesen. Ebenso erfüllt von Angst, Flucht, Verbrechen, Vergeltung und ebenso ohne Gedächtnis. Wenn es so blieb, wie es war – wozu verging seitdem Zeit? Und wenn diese, astronomisch bemessen, nichts bedeutet – was schiert uns die Astronomie? Hätten fünfhundert und tausend Jahre denn nicht menschlich zu etwas führen müssen? Als Einstein von einem Reporter gefragt wurde, mit welchen Waffen – falls es zum Atomkrieg käme und genug Nichtkrüppel übrigbleiben sollten – mit welchen Waffen der übernächste Krieg ausgetragen würde, antwortete er lakonisch: »Mit Steinen.«

Mir scheint, daß wir auch in den dunkelsten Stunden, während wir an nichts mehr glauben, noch immer an alles glauben, nur nicht mehr an erfüllbare Hoffnungen hier, jetzt und durch uns selber. Deshalb, wenn auch keineswegs nur deshalb, wenden viele von uns ihre gesamte Aufmerksamkeit, Mühe und Zuversicht den Kindern zu. Denn die Kinder sind unschuldig. Selbstverständlich nicht so, als ob sie Engel zu Fuß wären, sondern weil sie zum Schuldigwerden noch keine Zeit hatten. Daß wir wieder werden wie die Kinder, ist eine unerfüllbare und bleibt eine ideale Forderung. Aber wir können zu verhüten suchen, daß die Kinder werden wie wir.

Gerade hier, im Hause der Internationalen Jugendbibliothek, und zum Glück nicht nur hier, geht man in diesem Sinne mit den Kindern um, zu ihrem Besten und für eine bessere Zukunft, an der wir nicht mehr teilhaben dürfen. Zwei Leitgedanken sind die Fixsterne jener möglichen Welt, die wir nur sehen können, aber nicht betreten werden. Die Kinder sollen beizeiten, und das kann nur heißen, so früh wie möglich, begreifen, – Sie können das Wort »begreifen« nicht anschaulich genug auffassen –, daß jenseits ihrer Heimat und ihrer Sprache andere Kinder leben, eine andere Heimat haben und eine andere Sprache sprechen und daß man, indem man ihre Sprache zu verstehen trachtet, Verständnis erwirbt und Verständigung erreicht. Diesem nach draußen zielenden Plan ist ein zweiter untrennbar beigeordnet, der sich nach innen, auf das Kind im Kinde, richtet. Er gilt der Entwicklung und Pflege jener dritten Kraft, die sich am ehesten mit Begriffen wie »Phantasie« und »musisches Bedürfnis« umschreiben läßt und deren sträflicher Vernachlässigung die Fehlentwicklung ganzer Generationen zuzuschreiben ist. Dabei geht es nicht um Kinderkunst, sondern darum, daß ganze Menschen entstehen, statt gefährlicher und gefährdeter Zweidrittelgeschöpfe.

So kam es in diesen Räumen immer wieder zu Ausstellungen von Kinderzeichnungen aus anderen Ländern und Kontinenten. Und so stellen heute Kinder aus dem Land Israel aus. Daß es mit ihrer Leihgabe zudem eine ernstere und feierlichere Bewandtnis hat, spürt jeder von uns. Die untilgbare Schuld, die das Dritte Reich auf sich lud, läßt sich nicht in tilgbare Schulden konvertieren. Wo etwas nicht wiedergutzumachen ist, bleibt die »Wiedergutmachung« allenfalls eine allegorische Geste. Daß noch diese Geste im Vorderen Orient Unwillen erregt und Unfrieden stiftet, ist einer der neuesten Beiträge zu jener Entwicklungsgeschichte der Menschheit, die, trotz der Überwindung der Schallgrenze, noch nicht begonnen hat.

Wir verstehen, daß es in Bonn noch keinen israelischen Botschafter gibt. Und wir sind gerührt über das, was uns heute und hier erreicht: eine Botschaft der Kinder Israels. Und so sollten wir am Ende doch unsere Verzagtheit wieder abschütteln und zu uns von neuem sagen: Resignation ist kein Gesichtspunkt!

1953

VON DER DEUTSCHEN
VERGESSLICHKEIT

Als Friedrich Wilhelm I. von Preußen, der Soldatenkönig, eben jener Hohenzoller, der den Sohn und präsumptiven Nachfolger beinahe hätte hinrichten lassen, ein Regiment inspizierte, schlug er, aus geringem Anlaß, einen Major mit dem Krückstock. Daraufhin zog der Major, angesichts der Truppe, die Pistole und schoß, knapp am Könige vorbeizielend, in den Sand. »Diese Kugel«, rief er, »galt Ihro Majestät!« Dann jagte er sich, unter Anlegen der bewaffneten Hand an die Kopfbedeckung, die zweite Kugel in die eigene Schläfe.

Es lohnte nicht, diese kleine Geschichte zu erzählen, wenn es in unserer Großen Geschichte viele ihresgleichen gäbe. Aber es ist eine verzweifelt einsame, eine zum Verzweifeln einsame kleine deutsche Geschichte. Noch der Schuß in den Sand, noch der symbolische Widerstand, ist »nicht statthaft« und »findet«, schon deshalb, »nicht statt«. Wir stehen vor jeder Autorität stramm. Auch vor dem Größenwahn, auch vor der Brutalität, auch vor der Dummheit – es genügt, daß sie sich Autorität anmaßen. Unser Gehorsam wird blind. Unser Gewissen wird taub. Und unser Mund ruft: »Zu Befehl!« Noch im Abgrund reißen wir die Hacken zusammen und schmettern: »Befehl ausgeführt!« Wir haben gehorcht und sind es nicht gewesen. Der Mut, bar des Gefühls der Verantwortung und ohne jede Phantasie, ist unser Laster. Und Courage bleibt ein Fremdwort. Die Frauen und Männer des deutschen Widerstands haben versucht, haben wieder einmal versucht, dieses Wort einzudeutschen. Sie setzten Ehre und Leben aufs Spiel, und sie verloren beides. Ihr Leben konnte man ihnen durch kein Widergutmachungsverfahren rückvergüten. Stellen Sie sich vor, man hätte es gekonnt! Stellen Sie sich die allgemeine und die amtliche Ratlosigkeit nur vor! Diese Frauen und Männer, als Heimkehrer aus dem Jenseits, mitten unter uns! Welch ein Drama! Was für eine deutsche Tragikomödie!

Sie opferten Leben und Ehre. Hat man ihnen wenigstens ihre Ehre wiedergegeben? Nicht ihre Offiziersehre, nicht ihre Pastorenehre, nicht ihre Gewerkschaftsehre, nein, ihre mit Gewissensqualen und dem Tod besiegelte, mit Folter und Schande besudelte, am Fleischerhaken aufgehängte menschliche Ehre und wahre Würde? Ich denke dabei nicht an die Umbenennung von Straßennamen, die Niederlegung von Behördenkränzen und ähnliche Versuche, den Dank des Vaterlands nach dem Muster des Teilzahlungssystems in bequemen Raten abzustatten. Sondern ich frage: hat man versucht, diese Männer und Frauen in unserer vorbildarmen Zeit zu dem zu machen, was sie sind? Zu Vorbildern?

Wer an die Zukunft glaubt, glaubt an die Jugend. Wer an die Jugend glaubt, glaubt an die Erziehung. Wer an die Erziehung glaubt, glaubt an Sinn und Wert der Vorbilder. Denn die Jugend will und braucht auf ihrem Weg in die Zukunft keine noch so gut gemeinten vaterländischen, europäischen oder weltbürgerlichen Redensarten, keinen Katalog, keinen Baedeker, sondern weithin sichtbare, im Lande der Zeit Richtung und Ziel zeigende Wegweiser, sie will und braucht: Vorbilder. Für den Marsch in die Vergangenheit, die unsere Politiker mit der Zukunft verwechseln, für diesen pompösen Rückzug ins Vorgestern bedarf es freilich keiner Wegweiser. Es sei denn präziser Anweisungen, ob man bei besagtem Marsch alle drei Strophen der alten Hymne oder nur die dritte zu singen habe. Für den blinden Gehorsam. Für die Treue als das Mark der Ehre, für die Pflichterfüllung bis zur überletzten Minute bedarf es keiner neuen, ja überhaupt keiner Vorbilder hierzulande. Das und dergleichen gehört seit alters zum deutschen ABC. Treusein, auch wenn darüber die Welt zugrunde geht, das kann man bekanntlich auswendig.

Die Frauen und Männer des Widerstands wollten, als Freiwillige, im Namen des Volkes dessen physischen und moralischen Untergang verhindern. Im Namen des Volkes kämpften sie mit ihrem Gewissen, das zwischen Gehorsam und Verantwortung schwankte, um den Sieg des sittlicheren Wertes. »Im Namen des Volkes« wurden sie angespuckt, gequält und ermordet. Und im Namen des Volkes wäre es, als der Albtraum vorüber war, nur selbstverständlich gewesen, diese Nothelfer des deutschen Wesens gegen das deutsche Unwesen zu kanonisieren. Hier wäre Heldenverehrung »zukunftspolitisch wertvoll« gewesen, statt vor den Memoiren und Pensionsansprüchen überlebensgroßer Befehlsempfänger.

Im Drange der Geschäfte, der Staatsgeschäfte, wurde diese Pflicht und Schuldigkeit versäumt. In der Hast, das Mögliche zu erreichen, wurde das Not-Wendige – das, was die Not hätte wenden können – vergessen. Es wurde »verdrängt«. Der psychoanalytische Jargon ist am Platze. Denn so mancher derer, die heute regieren, gehörte ja selber zum Widerstand! Als es eine neue Staatsautorität zu schaffen galt, empfand man plötzlich die Vorbildlichkeit jener Männer und Frauen als unbequem. Man mißtraute der Widerstandsfähigkeit der von fremder Hand gepflanzten Autorität. Man fürchtete die beispielhafte Kraft des vorgelebten echten und beschritt den Weg des geringsten Widerstands.

Diesen Weg gehen sie nun und murren über die Apathie der Jugend. Noch einmal: die Jugend braucht Vorbilder. Es gibt sie. Man richte sie nur, weithin sichtbar, auf! Man braucht ja, außer dem Weltuntergang, nichts zu befürchten. Die Autorität des Staats, die parlamentarische Zweidrittelmehrheit und die Golddeckung sind ja gesichert. Außerdem: die Sorge, die Zivilcourage und der politische, mit Lebensgefahr verbundene Gewissenskonflikt könne, mit Hilfe bewundernswerter Vorbilder, Mode oder gar epidemisch werden, ist in unserm Vaterland unbegründet.

Man gedenke ernstlich der Beispiele! Man schaffe die Vorbilder! Und man tue es, bevor der Hahn zum dritten Male kräht!

1954

ICH SPRECHE ALS SCHRIFTSTELLER

Ich bin ein Schriftsteller und verstehe nichts von Kernphysik. Gleichwohl habe ich, als die meisten Forscher noch an die sittliche Unverbindlichkeit ihrer Versuche und Ergebnisse glaubten, ihre Disziplinen »Mordwissenschaften« genannt. Inzwischen haben die modernen Hexenmeister eingesehen, daß sie ihre Geheimnisse den politischen und militärischen Zauberlehrlingen nicht hätten preisgeben dürfen. Überall erheben sie ihre warnende Stimme, und hoffentlich kommen ihre Warnungen und Beschwörungen nicht zu spät.

Ich bin ein Schriftsteller und verstehe nichts von Politik. Gleichwohl habe ich, sooft ich mich im Laufe von dreißig Jahren politisch äußern konnte, nahezu immer recht behalten. Man prüfe meine Schriften! Haben die Politiker recht behalten? Man prüfe ihre Reden und Entschlüsse! Niemand, hoffe ich, wird denken, ich wolle mich rühmen. Dazu besteht kein Anlaß. Vor falscher Politik zu warnen und, nachdem sie sich in verfehlte Geschichte verwandelt hat, recht zu behalten, ist nicht schön, sondern schrecklich. Mir und allen anderen der Humanität und Freiheit dienenden Schriftstellern hängt das Rechtbehalten zum Halse heraus! Nun warnen wir wieder, und wenn man diesmal nicht auf uns hört, war diesmal das letzte Mal. Dann hat das liebe Europa Ruh.

Was wir in diesen Monaten erleben, ist absurd. Während

Rußland die Einstellung der Versuche und eine Kontrolle der Produktion anbietet und die Vereinigten Staaten laut erklären, ursprünglich hätten *sie* entsprechende Vorschläge machen wollen – während also die beiden Weltmächte, trotz allem Zögern, trotz aller Hintergedanken und trotz aller wirtschaftlicher Bedenken, den Kurs »Volldampf voraus!« widerrufen möchten – packt Westeuropa das wilde Fieber. Man hat zwar durch die Suezpolitik die antiwestliche Arabische Union provoziert, man ist dabei, Algerien und Tunesien ins andere Lager zu treiben, man hat, bei uns daheim, nicht einmal ein praktisches Ladenschlußgesetz zustande gebracht – aber Atomgroßmächte werden, das können sie alle! Das kann jedes Kind!

Das kann jedes Kind. Niels Bohr, der dänische Atomphysiker, hat schon vor einer Reihe von Jahren gesagt, die Herstellung von Atombomben werde eines Tages so einfach und so billig sein, daß jeder Zeitgenosse sie in seinem Fahrradschuppen bauen könne! Wir sind auf dem besten Wege. Herr Kordes in Schleswig-Holstein hat seine Atombombe schon gebaut. Es ist allerdings eine Rose daraus geworden, denn Herr Kordes ist Deutschlands berühmtester Rosenzüchter – immerhin, »Atombombe« hat er sie getauft! Das wird hoffentlich nicht alle Rosenliebhaber freuen!

Der Gedankensprung von der »Atombombe« getauften Rose zum »Strauß« ist nicht sehr groß. Und im Hinblick auf die westdeutsche, englische, französische und italienische Atombewaffnung liegt etwas anderes noch viel näher: die ostdeutsche, tschechoslowakische, ungarische und polnische Atombewaffnung. Man ist dabei, aus Europa ein Atom-Korea zu machen!

Und diesem koordinierten, diesem systematischen Untergang sollen wir aus Gründen der parlamentarischen Etikette zusehen, ohne zu mucksen? Nur das, erzählt man uns, sei wahre Demokratie? Und wir untergrüben sie, wenn wir feststellen wollten, was längst jeder weiß: daß die Majorität der Abgeordneten den von der Mehrheit der Wähler im guten Glauben ausgestellten Blankoscheck mißbraucht hat? Wer hat denn hier die Demokratie untergraben? Eine Volksbefragung in dieser Frage auf Tod und Leben wäre ja gar nicht nötig. Eine Umfrage des Meinungsforschungsinstituts EMNID hat ja bereits ergeben, daß mehr als 80 % der Bevölkerung in der Bundesrepublik die Aufrüstung der Bundeswehr mit Atomwaffen ablehnen! Die andere Mehrheit, die Bonner Majorität, braucht das Resultat dieser repräsentativen Umfrage ja nur anzuerkennen!

Bonn erkennt das Resultat natürlich nicht an. Bonn bekennt seinen tödlichen Fehler nicht. Und Bonn wehrt sich gegen eine Volksbefragung auf breiterer Ebene mit Argumenten, die der Beschreibung spotten. Volksbegehren und Volksentscheid seien verfassungswidrige Formen der Volksbefragung, und deswegen sei jede Art von Volksbefragung verfassungswidrig. Solche Witze als Antwort auf eine Lebensfrage lehne ich ab.

Ich verweigere die Annahme. Über den scheinbaren Beweis, daß die Schnecke schneller laufe als Achill, und über Sätze wie »Alle Raubtiere sind Säugetiere, also ist die Kuh ein Raubtier!« haben wir schon als Quartaner nicht mehr gelacht. Im Buch der deutschen Geschichte wird sich das Bonner Argument sehr merkwürdig ausnehmen. Doch vielleicht ist es mit unserer Geschichte und mit unseren Geschichtsbüchern bald zu Ende.

Eines erführe ich vorher brennend gern:

Haben die Regierung und die Parlamentsmajorität gewußt, wie die Bevölkerung über die Atombewaffnung denkt, oder haben sie es nicht gewußt? Wenn sie es nicht gewußt haben, waren sie, gelinde gesagt, keine Politiker. Wenn sie es aber gewußt haben, dann waren sie, noch gelinder gesagt, keine Demokraten.

Ich bin kein Physiker und kein Politiker, sondern ein Schriftsteller. Deshalb möchte ich mit einem vierzeiligen Epigramm schließen. Es möge unseren Patentchristen im Bundestag bei ihrer Gewissensforschung weiterhelfen! Videant consules! Die Überschrift des Epigramms heißt: *»Neues vom Tage«*.

Da hilft kein Zorn, da hilft kein Spott!
Da hilft kein Fluchen und kein Beten!
Die Nachricht stimmt: Der Liebe Gott
ist aus der Kirche ausgetreten!

1958

ÜBER DAS VERBRENNEN
VON BÜCHERN

Meine Damen und Herren,
seit Bücher geschrieben werden, werden Bücher verbrannt. Seit es die Erstgeburt gibt, gibt es, als Antwort, den Haß. Und weil Geist, Glauben und Kunst nicht verkauft werden können, nicht für ein Linsengericht und um keinen Preis, wird Esau zum Kain, und Jakob stirbt als Abel. Der Neid, der keinen Weg sieht, begibt sich auf den einzigen Ausweg: ins Verbrechen. Wer den Tempel der Artemis nicht bauen kann – aus gebürtigem Unvermögen, und da er ja schon in der Sonne schimmert, der ephesische Tempel –, der muss zur Fackel greifen und ihn anzünden. Aber alles verstehen heißt keineswegs: alles verzeihen! Und da die Sühne der Schuld zwar im Strafgesetzbuch folgt, nicht jedoch im Buch der Geschichte, muß künftig an die rechtzeitige Verhütung der Schuld gedacht werden. Davon ist die Rede. Davon handelt die Rede. Heute: nun auch die Naturwissenschaften moralische (oder unmoralische) Disziplinen geworden sind, ist es unangebrachter denn je, die Unmoral in Politik und Geschichte als Naturereignis hinzunehmen.

Die Geschichte des Geistes und des Glaubens ist zugleich die Geschichte des Ungeistes und des Aberglaubens. Die Geschichte der Literatur und der Kunst ist zugleich eine Geschichte des Hasses und des Neides. Die Geschichte der Freiheit ist, im gleichen Atem, die Geschichte ihrer Unterdrückung, und die Scheiterhaufen sind die historischen Schnitt- und Brennpunkte. Wenn die Intoleranz den Himmel verfinstert, zünden die Dunkelmänner die Holzstöße an und machen die Nacht zum Freudentag. Dann vollzieht sich, in Feuer und Qualm, der Geiselmord an der Literatur. Dann wird aus dem »pars pro toto« das »ars pro toto«.

Seit Bücher geschrieben werden, werden Bücher verbrannt. Dieser abscheuliche Satz hat die Gültigkeit und Unzerreißbarkeit eines Axioms. Er galt zur Zeit der römischen Soldatenkaiser und unter Kubilai Khan, bei Cromwell und für die Konquistadoren, für Savonarola, Calvin und Jacob Stuart, für die Jesuiten, die Dominikaner und die Puritaner, für China und Rom, für Frankreich, Spanien, England, Irland und Deutschland, für Petersburg, Boston und Oklahoma City. Immer wieder hatten die Flammen ihren züngelnden Wolfshunger, und immer wieder war ihnen das Beste gerade gut genug. Sie fraßen die Werke von Ovid und Properz, von Dante, Boccaccio, Marlowe, Erasmus, Luther, Pascal, Defoe, Swift, Voltaire und Rousseau. Manchmal fraßen sie den Autor oder den Drucker als Dreingabe. Oder sie leuchteten, damit der Henker den Angeklagten umso besser die Ohren abschneiden, die rechte Hand abhacken und das Nasenbein zertrümmern konnte.

Hören Sie sich, bitte, ein paar Sätze aus einem Buch an, und versuchen Sie zu erraten, wer das und wann er es geschrieben haben könnte! »Man hat nicht nur gegen die Autoren, sondern auch gegen ihre Bücher gewütet, indem man besondere Kommissare beauftragte, die Geisteserzeugnisse der bedeutendsten Köpfe auf offnem Markte zu verbrennen. Natürlich meinte man in diesem Feuer die Stimme des Volkes, die Freiheit und das Gewissen töten zu können. Man hatte ja obendrein die großen Philosophen ausgewiesen und alle echte Kunst und Wissenschaft ins Exil getrieben, damit nirgends mehr etwas Edles und Ehrliches anklagend auftrete ... Während in fünfzehn Jahren ... gerade die geistig Lebendigsten durch das Wüten des Führers umkamen, sind nun wir wenigen ... nicht nur die Überlebenden von anderen, sondern auch von uns selber, weil ja mitten aus unserem Leben so viele Jahre gestohlen wurden, in denen wir aus jungen zu alten Männern geworden sind, ... indessen wir zur Stummheit verurteilt waren.« Das hat Tacitus nach der Schreckensherrschaft des Kaisers Domitian geschrieben, der im Jahre 96 n. Chr. ermordet wurde. Achtzehn Jahrhunderte und ein halbes sind vor diesen Sätzen vergangen wie ein Tag und wie eine Nachtwache.

Und Heinrich Heines Verse aus dem »Almansor«: »Dort, wo man die Bücher verbrennt, verbrennt man auch am Ende Menschen«, galten zwar den spanischen Autodafés und wurden dennoch zur Prophezeiung.

Das blutige Rot der Scheiterhaufen ist immergrün.

*

Einen dieser Scheiterhaufen haben wir, mit bloßem Auge, brennen sehen. Das war auf den Tag genau vor einem Vierteljahrhundert, und deswegen haben wir uns heute versammelt. Es gibt Andachtsübungen, und wie es Andachtsübungen gibt, sollte es, nicht weniger ernsthaft und folgenschwer, Gedächtnis-Übungen geben. Meine Damen und Herren, wir sind zu einer Gedächtnis-Übung zusammengekommen.

Politik ist von uns selber erlebte Geschichte, und in prägnanten Augenblicken empfinden wir dies nicht weniger, als es Goethe vor Valmy empfand. Als am 10. Mai 1933 die deutschen Studenten in allen Universitätsstädten unsere Bücher tonnenweise ins Feuer warfen, spürten wir: Hier vollzieht sich Politik, und hier ereignet sich Geschichte. Die Flammen dieser politischen Brandstiftung würden sich nicht löschen lassen. Sie würden weiterzüngeln, um sich fressen, auflodern und Deutschland, wenn nicht ganz Europa in verbrannte Erde verwandeln. Es würde so kommen und kam so. Es lag in der Unnatur der Sache.

Sie machten sich viel mit Fackeln und Feuer zu schaffen, jene Pyrotechniker der Macht. Es begann mit dem brennenden Reichstag und endete in der brennenden Reichskanzlei. Es begann mit Fackelzügen und endete mit Feuerbestattung. Zwischen dem Reichstagsbrand und der Bücherverbrennung, also zwischen dem 27. Februar und dem 10. Mai 1933, arbeiteten sie freilich ohne Streichhölzer und ohne Benzin. Sie sparten Pech und Schwefel. Es ging auch so. Der Feldmarschall und Reichspräsident kapitulierte in der Potsdamer Garnisonkirche. Das geschah am 21. März. Zwei Tage später kapitulierten, mit Ausnahme der Sozialdemokratie, die Parteien in der Krolloper. Eine Woche später wurden die Länder »gleichgeschaltet«. Am 1. April wurde der Judenboykott inszeniert. Es war eine mißglückte Inszenierung, und man setzte das blutige Stück vorübergehend vom Spielplan ab. Am 7. April wurden die Gauleiter als Reichsstatthalter herausstaffiert. Am 2. Mai wurden die Gewerkschaften aufgelöst. Zwei Monate hatte man mit der seidnen Schnur gewinkt, und es ging wie am seidnen Schnürchen. Am 10. Mai aber brauchte man wieder Feuer. Für die Bücher.

*

Der kleine Hinkende Teufel, nicht der von Le Sage, sondern der aus Rheydt im Rheinland, dieser mißratene Mensch und mißglückte Schriftsteller, hatte das Autodafé fehlerlos organisiert. Eine Münchner Zeitung schrieb am 5. Mai: »Die Hinrichtung des Ungeistes wird sich zur selben Stunde in allen Hochschulstädten Deutschlands vollziehen. In einer großen Staffelreportage zwischen 11 und 12 Uhr nachts wird gleichzeitig der Deutschlandsender ihren Verlauf aus sechs Städten, darunter auch München, mitteilen. Schon einmal weihten deutsche Burschen öffentlich vor allem Volk einen Haufen Bücher dem Feuer. Das war vor nunmehr hundert Jahren auf der Wartburg, und die achtundzwanzig Schriften, die der Zorn der Flammen damals ergriff, … waren Werke des Muckertums, der Knechtsgesinnung, von Bütteln, Spießern und Dreigroschenseelen im Sold der Herrschenden hingesudelt … Und heute steht abermals das Gericht über sie auf, und abermals schichtet der deutsche Bursch ihnen das Feuer der Vernichtung.«

Die Parallele zum Wartburgfest anno 1817 zu ziehen, zur Verbrennung einiger preußischer Polizeivorschriften sowie etlicher Bände von Kotzebue und eines Autors namens Schmalz, der Vergleich eines Ulks mit der Verbrennung nicht des »deutschen Ungeistes«, sondern des deutschen Geistes, das war eine Frechheit ohne Beispiel. »Die Lüge hat ein kurzes Bein«, hieß es schon damals. Was hatten denn die Bücher von Heinrich und Thomas Mann, von Döblin und Leonhard Frank, von Werfel und Wassermann, von Brecht und Renn, von Alfred Neumann und Polgar, von Stefan Zweig und Lernet-Holenia, von Heuss und Rathenau, von Sigmund Freud und Lindsay, die Übersetzungen der Bücher von Sinclair, Barbusse und Gorki, von Wells, Jack London, Dos Passos, Hašek, Hemingway und James Joyce mit Muckertum und Knechtsgesinnung und gar mit preußischen Polizeivorschriften zu tun? Die Zahl der Autoren, deren

Bücher verbrannt wurden, geht in die Hunderte. Einige dieser Schriftsteller sitzen heute unter uns. Wir waren Spießer und Dreigroschenseelen?

Der Lügner wußte, wie infam er log. Er nahm sich nicht einmal die Mühe, seinen Haß und Neid gescheiter zu artikulieren, und er hatte recht. Denn »der deutsche Bursch schichtete das Feuer der Vernichtung«, wie es so schön hieß, sowieso. In der Münchner Zeitung vom 5. Mai 1933 steht weiter: »Es mag einen tüchtigen Stoß geben, denn nicht nur die Studenten sind aufgefordert worden, ihre Bücherschränke zu sichten, sondern an die ganze Bevölkerung ging der Ruf, und vor allem aus den Leih- und Volksbüchereien erwartet man kräftigen Zuzug. Und darum stehen heute schon Lastwagen bei der Studentenschaft gerüstet, und sie hat sich für das Werk der Zerstörung sogar schon mit einer pyrotechnischen Firma in Verbindung gesetzt. Am Nachmittag soll der Stapel schon aufgebaut werden. Eine gute Stunde lang dürften die Flammen wohl Nahrung finden.« Eine gute Stunde lang! Es war für Deutschland und die Welt keine gute Stunde.

Die Feuer brannten. Auf dem Opernplatz in Berlin. Auf dem Königsplatz in München. Auf dem Schloßplatz in Breslau. Vor der Bismarcksäule in Dresden. Auf dem Römerberg in Frankfurt. Sie loderten in jeder deutschen Universitätsstadt. Die Studenten hielten in brauner Uniform die Ehrenwache. Die Sturmriemen unterm akademischen Kinn. In Berlin hatten sie sich vor der Universität und der Bibliothek aufgebaut, sahen zum Scheiterhaufen hinüber und kehrten ihrer »Alma mater« den Rücken. Und den Standbildern der Brüder Humboldt am Haupttor. Sie blickten zackig geradeaus, die Studenten. Hinüber zum Brandmal, wo der kleine »Teufel aus der Schachtel« schrie und gestikulierte und wo die Kommilitonen die Bücher zentnerweise ins Feuer schippten. Meine Damen und Herren, ich habe Gefährlicheres erlebt, Tödlicheres – aber Gemeineres nicht!

»Ein Revolutionär muss alles können!«, brüllte der personifizierte Minderwertigkeitskomplex aus Rheydt. »Er muss ebenso groß sein im Niederreißen der Unwerte wie im Aufbau der Werte.« Und die Frankfurter Zeitung vom 11. Mai berichtet: »Niemals, so meinte er, hätten junge Männer so wie jetzt das Recht, mit Ulrich von Hutten auszurufen: ›O Jahrhundert, o Wissenschaften! Es ist eine Lust zu leben!‹«

*

Was hatte, vom abscheulichen Schauspiel abgesehen, an diesem Abend stattgefunden? Hatte, diesmal auch, der dämonische Gefreite und Obdachlose aus Braunau am Inn gebrüllt? Nein. Hatten seine Marodeure und sein Pöbel die Bücher ins Feuer geworfen? Nein. Viel Schrecklicheres, etwas Unausdenkbares war geschehen: Ein Doktor der Philosophie, ein Schüler Gundolfs, hatte die deutschen Studenten aufgefordert, höchstselbst den deutschen Geist zu verbrennen. Es war Mord und Selbstmord in einem. Das geistige Deutschland brachte sich und den deutschen Geist um, und der Arrangeur, auch und gerade er, war, wie er das zu formulieren pflegte, ein Arbeiter der »Stirn«. Es war nicht nur Mord und nicht nur Selbstmord, es war Mord als Inzest, es war, mathematisch gesagt, Massenmord und Selbstmord hoch drei.

Nun blieb zu tun nichts mehr übrig. Dieses »Nichts nichtete« dann, im November des gleichen Jahres, in seiner Rektoratsrede vor den Freiburger Studenten, »der größte deutsche Philosoph unseres Jahrhunderts«, auch er der Schüler eines jüdischen Gelehrten, als er sagte: »Nicht Lehrsätze und ›Ideen‹ seien die Regeln eures Seins. Der Führer selbst und allein ist die heutige und künftige Wirklichkeit und ihr Gesetz.« Ob der bedeutende Mann, als er »euer Sein« sagte, Sein mit i oder mit y ausgesprochen hat, weiß ich nicht. Möge er der größte Philosoph unseres glorreichen Jahrhunderts sein oder seyn und bleiben! Ich glaube und hoffe, daß ihm, eines Tages im Pantheon, Sokrates und Seneca, Spinoza und Kant nicht die Hand geben werden.

An dieser Stelle möchte ich einem anderen Philosophen meine ehrliche Bewunderung und Verehrung zollen: Eduard Spranger, einem meiner Leipziger Lehrer, das wird er nicht mehr wissen, unserm PEN-Mitglied und, das wissen wir alle, einem aufrechten Mann. Er trat demonstrativ von seiner Berliner Professur zurück und begründete diesen Rücktritt sogar vor einer Pressekonferenz. Auch Alfred Webers, des eben verstorbenen Nestors unseres PEN-Zentrums, dürfen wir an dieser Stelle, trauernd und respektvoll, gedenken.

Doch das Ehrgefühl und der Widerstand im Detail nützten nichts. Auch die Selbstmorde und die Emigration von Professoren konnten nichts helfen. Der inzestuöse, der perverse Coup war geglückt. Man hatte sich an sich selber verraten. Der neue Judas hatte etwas Unmögliches zuwege gebracht: Er hatte, vor den Augen der Menge und der ausgesandten Häscher, sich selbst geküßt.

*

Meine Damen und Herren, eine Gedenkstunde soll eine Gedächtnis-Übung sein, und noch etwas mehr. Was hülfe es, wenn sie nur der Erinnerung an arge Zeiten diente, nicht aber der Erinnerung an unser eignes Verhalten? Das heißt, hier und jetzt, für mich nicht mehr und nicht weniger: an mein Verhalten? Ich bin nur ein Beispiel neben anderen

Beispielen. Doch da ich mich etwas besser als andere kenne, muß in meiner Rede nun ein wenig von mir die Rede sein.

Ich habe mich damals schon und seitdem manches Mal gefragt: »Warum hast du, am 10. Mai 1933 auf dem Opernplatz in Berlin, nicht widersprochen? Hättest du, als der abgefeimte Kerl eure und auch deinen Namen in die Mikrophone brüllte, nicht zurückschreien sollen?« Daß ich dann heute nicht hier stünde, darum geht es jetzt nicht. Nicht einmal, daß es zwecklos gewesen wäre, steht zur Debatte. Helden und Märtyrer stellen solche Fragen nicht. Als wir Carl von Ossietzky baten, bei Nacht und Nebel über die Grenze zu gehen – es war alles vorbereitet –, sagte er nach kurzem Nachdenken: »Es ist für sie unbequemer, wenn ich bleibe«, und er blieb. Als man den Schauspieler Hans Otto, meinen Klassenkameraden, in der Prinz-Albrecht-Straße schon halb totgeschlagen hatte, sagte er, bevor ihn die Mörder aus dem Fenster in den Hof warfen, blutüberströmten Gesichts: »Das ist meine schönste Rolle.« Er war, nicht nur auf der Bühne am Gendarmenmarkt, der jugendliche Held. Gedenken wir dieser beiden Männer in Ehrfurcht! Und fragen wir uns, ob wir es ihnen gleichgetan hätten!

Als ich in jener Zeit, anläßlich der Amateurboxmeisterschaften, im Berliner Sportpalast saß und als zu meiner Überraschung bei jeder Siegerehrung die Besucher aufstanden, den Arm hoben und die beiden Lieder sangen, blieb ich als Einziger sitzen und schwieg. Hunderte schauten mich drohend und lauernd an. Nach jedem Boxkampf wurde das Interesse an mir größer. Trotzdem lief dieses Nebengefecht des Abends, zwischen dem Sportpalast und mir, glimpflich ab. Es endete unentschieden. Was ich getan, genauer, was ich nicht getan hatte, war beileibe keine Heldentat gewesen. Ich hatte mich nur geekelt. Ich war nur passiv geblieben. Auch damals und sogar damals, als unsere Bücher brannten. Ich hatte angesichts des Scheiterhaufens nicht aufgeschrien. Ich hatte nicht mit der Faust gedroht. Ich hatte sie nur in der Tasche geballt. Warum erzähle ich das? Warum mische ich mich unter die Bekenner? Weil, immer wenn von der Vergangenheit gesprochen wird, auch von der Zukunft die Rede ist. Weil keiner unter uns und überhaupt niemand die Mutfrage beantworten kann, bevor die Zumutung an ihn herantritt. Keiner weiß, ob er aus dem Stoffe gemacht ist, aus dem der entscheidende Augenblick Helden formt. Kein Volk und keine Elite darf die Hände in den Schoß legen und darauf hoffen, daß im Ernstfall, im ernstesten Falle, genügend Helden zur Stelle sein werden.

Und auch wenn sie sich zu Worte und zur Tat meldeten, die Einzelhelden zu Tausenden – sie kämen zu spät. Im modernen undemokratischen Staat wird der Held zum Anachronismus. Der Held ohne Mikrophone und ohne Zeitungsecho wird zum tragischen Hanswurst. Seine menschliche Größe, so unbezweifelbar sie sein mag, hat keine politischen Folgen. Er wird zum Märtyrer. Er stirbt offiziell an Lungenentzündung. Er wird zur namenlosen Todesanzeige.

*

Die Ereignisse von 1933 bis 1945 hätten spätestens 1928 bekämpft werden müssen. Später war es zu spät. Man darf nicht warten, bis der Freiheitskampf Landesverrat genannt wird. Man darf nicht warten, bis aus dem Schneeball eine Lawine geworden ist. Man muss den rollenden Schneeball zertreten. Die Lawine hält keiner mehr auf. Sie ruht erst, wenn sie alles unter sich begraben hat.

Das ist die Lehre, das ist das Fazit dessen, was uns 1933 widerfuhr. Das ist der Schluß, den wir aus unseren Erfahrungen ziehen müssen, und es ist der Schluß meiner Rede. Drohende Diktaturen lassen sich nur bekämpfen, ehe sie die Macht übernommen haben. Es ist eine Angelegenheit des Terminkalenders, nicht des Heroismus. Als Ovid sein »Principiis obsta!« niederschrieb, als er ausrief: »Bekämpfe den Beginn!«, dachte er an freundlichere Gegenstände. Und auch als er fortfuhr: »Sero medicina paratur!«, also etwa »Später helfen keine Salben!«, dachte er nicht an Politik und Diktatur. Trotzdem gilt seine Mahnung in jedem und auch in unserem Falle. Trotzdem gilt sie auch hier und heute. Trotzdem gilt sie immer und überall.

Meine Damen und Herren, ich danke Ihnen für Ihre Aufmerksamkeit.

1958

AN DIE STUDENTEN

Rede, gehalten am 20. Mai 1958
vor der Münchner Universität

Liebe Kommilitoninnen und Kommilitonen,
ich bin nur gekommen, um Ihnen von einem gemeinsamen alten Bekannten Grüße zu überbringen. Von einem sehr alten Bekannten. Von Sokrates. Er bereist zurzeit Westdeutschland, und das darf uns nicht weiter wundern. Schließlich ist er ja, unter anderem, der Begründer und klassische Meister jener Disziplin, die man heute »Meinungsforschung« nennt. Er hat sich bei uns umgetan und umgesehen. Er hat gefragt und zugehört. Und als er sich vor ein paar Tagen, am Ende seiner Deutschlandreise, mit mir traf, kam er gerade aus Bonn.

Er hat, wie er mir erzählte, den Herren in Bonn einige Fragen gestellt. Nachdem man über den Vater der Atomtheorie, über Demokrit aus Abdera und über die moderne Atomphysik gesprochen hatte, sagte Sokrates:

»Meine Herren, haben Sie, als Sie mit Ihrer Parlamentsmehrheit die Atombewaffnung Westdeutschlands durchsetzten, gewußt, daß die Mehrheit der Bevölkerung strikt dagegen ist, oder haben Sie es nicht gewußt?« Und als die Herren mit der Antwort zögerten, fuhr er fort: »Sollten Sie es nicht gewußt haben, könnte man meinen, Sie seien keine besonders fähigen Politiker. Ich weigere mich«, fuhr Sokrates fort, »das zu glauben. Sollten Sie es aber gewußt und sollten Sie dem Volkswillen wissentlich zuwidergehandelt haben, ließe sich fast vermuten, Sie seien keine sonderlich überzeugten Demokraten. Und das zu glauben«, fuhr Sokrates fort, »weigere ich mich erst recht. Helft mir, meine Herren, indem ihr antwortet!«

Die Herren zögerten noch immer. Schließlich sagte der jüngste Minister: »Auch eine demokratische Regierung muss notfalls die Schneid aufbringen, unpopulär zu handeln.« Da rief Sokrates: »O mein Alkibiades! Mir scheint, du verwechselst Mut mit Übermut! Und du verwechselst die Demokratie mit der Oligarchie! Immerhin habe ich durch deine euer aller Antwort: Ihr habt also der öffentlichen Meinung wissentlich zuwidergehandelt.« Da sagte der Älteste unter ihnen: »Nein, wir haben es nicht gewusst.«

Sokrates freute sich über so viel Aufrichtigkeit, denn darum schien es sich ja wohl zu handeln, und meinte erleichtert: »Dann fragt das Volk! Es wird euch antworten, und ihr werdet euren Fehler korrigieren. Nichts ist einfacher.« Doch da sagte ein dritter der Herren: »Wir können das Volk leider nicht fragen, denn das Volk zu befragen, ist verboten. Wir sind der Verfassung Treue schuldig.« Sokrates antwortete ein wenig ärgerlich: »Sogar, wenn es darum ginge, dem Volk oder der Verfassung die Treue zu halten, solltet ihr wissen, was zu tun ist. Was wäre Paragraphentreue, die dem Volk die Treue bräche? Doch darum geht es ja zum Glücke gar nicht. Ihr dürft, Ihr könnt, Ihr müsst die Volksmeinung, die Ihr nicht kennt, erfragen, denn in eurer Verfassung ist eine solche Befragung nicht verboten. Mir fällt ein Stein vom Herzen.« »Seien Sie mit Ihrem Steine nicht so voreilig«, erwiderte ein anderer Minister. »Die von Ihnen angedeutete und, in Gottes Namen, von der Mehrheit der Bevölkerung geforderte Befragung ist zwar nicht ausdrücklich verboten, aber sie ist, das entscheidet den Streitfall, nicht ausdrücklich erlaubt!«

Da freute sich Sokrates nicht länger. Und er sagte: »In einer Verfassung kann, bei aller Weisheit derer, die sie verfassten, nicht alles berücksichtigt sein. Deshalb muss der Satz gelten: Was nicht ausdrücklich verboten ist, ist erlaubt. Und schon gar erst recht bei eurer Frage, die um Leben und Tod geht. Wenn ihr stattdessen erklären und von euren Richtern behaupten lasse wolltet, daß alles, was nicht ausdrücklich erlaubt wurde, verboten sei, dann nennt euren Staat nicht länger eine Republik!«

Kommilitoninnen und Kommilitonen, ich habe mich hiermit meines Auftrages entledigt: Ich habe Ihnen die Grüße unseres gemeinsamen alten Bekannten ausgerichtet. Zum Abschied sagte er: »Ich liebe die Jugend und ich liebe die Zukunft. Deswegen wurde ich ja auch im Jahre 399 vor eurer Zeitrechnung als Freidenker, also freier Denker, und als Verführer der Jugend zum Tode verurteilt.«

»Ein Glück für die Nachwelt und die Jugend«, sagte ich, »daß Sie unsterblich sind!«

1958

TEXT FÜR KÖLN

Die für den 8. Juni, also für morgen, vorgesehene Hamburger Volksbefragung über die Atombewaffnung wird nicht stattfinden. Sie ist auf Anordnung des Verfassungsgerichtes vertagt worden, da man sich in Karlsruhe, bevor man das Urteil fällt, erst ein Urteil bilden will. Das Argument leuchtet ein. Und wir werden warten. Freilich, »vertagt« heißt nicht »verjährt«. Videant judices!

Trotz der vorläufigen, genauer, trotz der vorläufig vorläufigen Meinungsquarantäne sind wir nicht ganz so ahnungslos, wie man uns wünscht. Bevor und während die Richter den Zwischenbescheid für den Hamburger Stadtstaat formulierten, formulierten die Wahlberechtigten dreier Dörfer im Oberlahnkreis, Hessen, ihre Ansichten über westdeutsche Atomwaffen und Abschußrampen, und das Resultat, das am 24. Mai in der »Welt« veröffentlicht wurde, ist so leicht nicht aus der Welt zu schaffen. Das Ergebnis in der Dorfgemeinde Niedershausen, das in Kopfzahlen nachzulesen war, besagt, auf den Hundertsatz übertragen, Folgendes:

93 % sprachen sich gegen die Atombewaffnung aus, und 7 % enthielten sich der Stimme. Da nun bei den vorjährigen Wahlen zum Bundestag 58 % für die SPD stimmten, heißt dies, daß, außer den sozialdemokratischen Wählern, weitere 33 % der Einwohnerschaft gegen Bonn votiert haben. Noch

interessanter zeigt sich die letztgenannte Prozentzahl, wenn man sie auf den nicht-sozialdemokratischen Teil der Gemeinde umrechnet: Von denen, die noch vor wenigen Monaten für die Bonner Koalition stimmten, stimmten diesmal 83% dagegen. Mehr als 80% der Adenauer-Anhänger lehnen seine Rüstungspolitik ab.

Die Verfechter seiner Politik werden einwenden, Niedershausen sei ein Dorf mit nur 735 Wahlberechtigten, und was bedeute schon, aufs Ganze gesehen, ein so kleiner Flecken im westdeutschen Antlitz! Nun, glaubt man im Ernst, in Oberhausen, oder gar in Hamburg, fiele das Urteil anders aus? Wesentlich anders? Das wäre eine unsinnige Hoffnung. Man weiß in Bonn so gut wie überall: Die Mehrheit der Volksvertreter hat, in der Frage auf Leben und Tod, die Mehrheit ihrer Wähler nicht vertreten, sondern überspielt. Man weiß: Aus einer Mehrheitsregierung ist, über Nacht und ohne jede personelle Veränderung, eine Minderheitsregierung geworden. Und man will die Wahrheit nicht wissen, weil man sie kennt. Ein offeneres Geheimnis hat es nie gegeben!

Der Widerspruch zwischen Volk und Regierung läßt sich durch Einsprüche aus Karlsruhe nicht wegzaubern, und auch durch den endgültigen Richterspruch nicht, den sich Bonn erhofft. Man beseitigt einen Fehler, den man selber gemacht hat, nicht durch einen zweiten Fehler, den man andere Leute machen lassen möchte. Mit dieser Methode, sollte sie zum Scheinerfolg führen, beseitigte man nicht den Fehler der Regierung, sondern das Zutrauen zu ihr. Der einzig mögliche und wirksame Spruch, der den Widerspruch aufheben könnte, dürfte nicht aus Karlsruhe, sondern er müßte aus einer anderen Stadt kommen: aus Bonn. Man versuche nicht länger, durch Manipulationen die Wahrheit und die Mehrheit müde zu machen! Man suche keine Auswege, sondern beschreite den Weg, dessen Ziel bekannt ist. Auf dem Wegweiser stehen zwei Worte. Sie heißen »Zur Revision«.

1958

VERREGNETE SONNTAGVORMITTAGE ...

Rede vor der Gewerkschaftsjugend

Verregnete Sonntagvormittage sind für Predigten bekanntlich die beste Jahreszeit. Für den, der die Predigt halten muss, wie auch für die anderen, die zuhören dürfen.

Meine Predigt wird kurz sein. Sie befasst sich mit der heutigen Jugend, mit der ihr zufallenden politischen Verantwortung, sowie mit einigen Schwierigkeiten, die sich zu ergeben pflegen, wenn diese Verantwortung auf die jungen Leute zukommt. Die jungen Leute machen um die Verantwortung einen Bogen. Sie gehen ihr aus dem Wege. Sie gehen auf die andere Strassenseite und betrachten dort die Kinoplakate, die parkenden Autos und in den Schaufenstern die Motorroller und die Fernsehapparate. Ich bin gewiss nicht der Erste, der darüber spricht, und hoffentlich nicht der Letzte, der darüber gesprochen haben wird. Denn solche Schwierigkeiten beseitigt man sicher nicht ohne weiteres dadurch, dass man darüber spricht. Aber man beseitigt sie unter gar keinen Umständen dadurch, dass man über sie schweigt. Brennende Häuser werden nicht dadurch gelöscht, dass wir in einer anderen Richtung blicken und erklären, wir sähen keine Brände. Nicht anders als bei brennenden Häusern ist's bei brennenden Fragen. Je länger wir ihnen den Rücken kehren, umso sicherer werden sie uns und euch und dem Lande, worin wir leben, die Hosen versengen. Und nicht nur die Hosen.

Die Frage, wie man das staatsbürgerliche Gewissen der Jugend, wie man ihr Gefühl der Mitverantwortung am politischen Geschehen ohne Zwang mobilisieren könne, ist eine ausserordentlich brennende Frage. Ich kann sie nicht beantworten, doch für eine Sonntagspredigt, noch dazu eine sehr kurze, wird es schon reichen. Und da es üblich ist, einem solchen Sermon einen Vers oder Spruch vorauszuschicken, möchte ich mich dem Brauch anschliessen. Mein Zitat steht nicht in der Bibel, denn ich bin ja auch kein echter Pastor. Immerhin dürfte fast jeder den Satz kennen. Er heisst: »Was Hänschen nicht lernt, lernt Hans nimmermehr.« Der Sinn ist klar. Gemeint ist: Wer die Verantwortung nicht jung erlernt, erlernt sie nie. Und damit sind wir schon mitten im Thema. Es lautet: Wo, um alles in der Welt, soll denn Hänschen bei uns zulande die politische Verantwortlichkeit »erlernen«? Wer weckt, in seinem Kopfe, das Verantwortungs*bewusstsein*? Und wer weckt, in seinem Herzen, das Verantwortungs*gefühl*?

Der Keim für beides ist da. So gibt es, um ein Beispiel anzuführen, an den Oberschulen des Landes Bayern mehr als fünfzig Schülerzeitungen mit einer Gesamtauflage von 50 000 Exemplaren. Hier will sich Verantwortung regen. Die jungen Redakteure und Reporter erörtern Fragen des Unterrichts, der Schulverwaltung, der Gegenwartsliteratur, der Kunst und der Musik. Und die Lehrer, aber auch das Kultusministerium beobachten diese Zeitungen mit beträchtlichem Wohlwollen. Im Stadtmuseum am Jakobsplatz gab es neulich sogar eine Ausstellung. Preise wurden verteilt. Neue Preise wurden ausgesetzt. Am 6. April hielt der Kultusminister eine zweistündige Pressekonferenz mit den jugendlichen Redakteuren ab. Und anschliessend assen der Minister, seine Mitarbeiter und die Schüler in der Kantine des Ministeriums gemeinsame Erbssuppe mit Wurst. Das alles war und ist sehr schön und sehr gut. Es erinnert mich an *mein* letztes Schuljahr, an *unsere* Schülerzeitschrift und an unsere Unterhaltungen mit einem Minister. Das war 1919, vor genau vierzig Jahren.

Trotzdem besteht ein fundamentaler Unterschied. Er zeigte sich, am 6. April, also am vorigen Montag, bei einer Frage der Schüler und bei dem Versuche des Ministers, ihre Frage zu beantworten. In einer Münchener Zeitung wurde hierzu berichtet: »Wie steht es, fragten Schüler, mit der Politik der letzten Jahrzehnte im Geschichtsunterricht? Solle man dazu nicht eigene Lehrer ausbilden, nachdem viele der alten Lehrkräfte vorbelastet seien? Der Minister versicherte, dass die Zeitgeschichte in den Schulen nicht vernachlässigt werden solle. In vielen Instituten werde in dieser Hinsicht der Unterricht sogar sehr lebendig gestaltet, mit Schallplatten von Reden ehemaliger Nazigrössen zum Beispiel. Eigene Lehrer brauche man nicht auszubilden, denn der Anteil der jungen, nicht vorbelasteten Lehrer sei schon sehr gross.« So weit die Zeitung.

Wenn man den Inhalt und den Sinn dieses Frage- und Antwortspiels verdeutlichen wollte, ohne beides dadurch zu verändern, müsste man es etwa so formulieren: Am 6. April 1959 fragten einige der staatsbürgerlichen Verantwortung zuneigende junge Leute einen westdeutschen Minister für Kultus und Unterricht, wann endlich damit zu rechnen sei, dass man der deutschen Jugend in der Geschichtsstunde von der Entstehung, vom Machtmissbrauch und vom Zusammenbruch des Dritten Reichs erzählen werde. Vierzehn Jahre lang habe man nun der Jugend das traurigste Kapitel der deutschen und europäischen Geschichte verschwiegen. Damit habe man es der Jugend unmöglich gemacht, sich ein Urteil zu bilden, Verantwortung zu entwickeln und, anschliessend, politisch mündig und tätig zu werden. Auf diese Weise sei eine ganze Generation unmündig geblieben und staatsbürgerlich annulliert worden. Könne sich das ein aufrichtig demokratischer Staat leisten? Und wie solle das denn weitergehen? Wenn es an den noch und wieder amtierenden Lehrern liege, deren Grossteil damals »mitgemacht« habe und die Leiche im Hause weiterhin verschweigen wolle, dann müsse man endlich unbescholtene, unbelastete Geschichtslehrer »fabrizieren«. Oder wolle die Republik nicht nur auf eine, sondern auf zwei Generationen unterrichteter Staatsbürger verzichten? Könne sie sich das leisten? Dürfe sie das der Jugend und dem Staat der Zukunft zumuten?

Daraufhin sagte der Minister, den niemand um die Beantwortung dieser brennenden Fragen beneiden wird: Künstliche Geschichtslehrer seien nicht mehr nötig. Denn die älteren Lehrer stürben allmählich aus. Und die jüngeren, die an ihre Stelle träten, seien politisch einwandfrei. Ein Glück für die Unterhaltung, dass keiner der Schüler den Minister gefragt hat, wann denn die infolge ihrer Jugendlichkeit unbescholtenen Lehrer *ihrerseits* in Zeitgeschichte unterrichtet worden seien! Denn dann hätte er sagen müssen: »Nach 1945!« Und dann hätte ihm womöglich einer der Gäste geantwortet: »Wieso? Damals gab es Unterricht in Zeitgeschichte, wo es ihn noch nicht einmal heute, im Jahre 1959, gibt?«

Das ist eine finstere Bilanz! Die alten Lehrer kennen die Zeitgeschichte zwar gut genug, um sie unterrichten zu können, aber sie kennen sie ein bisschen zu gut, und deswegen muss man warten, bis sie pensioniert oder tot sind! Und die jungen Lehrer eignen sich für diesen Unterricht, weil sie jene Zeit *nicht* mehr kennen und obwohl sie selber unzureichend unterrichtet worden sind! Unter solchen Voraussetzungen erwartet man von der heranwachsenden Generation politisches Urteil, klaren Blick fürs Zeitgeschehen, Verantwortungsbewusstsein, Verantwortungsgefühl, leidenschaftliche Anteilnahme und Zivilcourage? Unter solchen Voraussetzungen wirft man den jungen Leuten vor, dass sie zynisch seien? In den Kreisen der Bundeswehr schlägt man, ob der Unwissenheit und Indolenz der Rekruten, die Hände überm Stahlhelm zusammen. Doch man gibt die Hoffnung nicht auf. Was in den Schulen versäumt worden ist, wird man in den Kasernen schon nachholen!

Ich bin mit meiner Predigt so ziemlich am Ende. Und mit meinem Latein und meiner Weisheit auch. Dabei habe ich nur über ein paar Schüler gesprochen und über eine einzige Frage, die sie einem Minister gestellt haben! Und wir wissen wahrhaftig alle miteinander, dass die Jugend nicht nur aus Schülern und das Leben der Jugend nicht nur aus unzureichendem Geschichtsunterricht besteht! Es gäbe andere Themen genug, über die zu sprechen auch nicht viel lustiger wäre. Dazu kommt, dass die Zeitgeschichte nicht nur unzulänglich unterrichtet wird, – sie wird auch unzulänglich *gemacht*!

So wär's verständlich, wenn die jungen Leute der Verantwortung auswichen und auf die andere Strassenseite gingen? Vielleicht. Ganz gewiss wäre es aber unentschuldbar! Steckt nicht die Hände in die Hosentaschen, und zuckt nicht mit den Achseln! Denn diese Gegenwart wird sehr bald eure Vergangenheit sein, und die nahe Zukunft eure Gegenwart! Multipliziert unser Versagen nicht noch mit dem eurigen! Schaut der Politik nicht zu, als handle sich's um ein Fussballspiel! Beim Fussballspiel mag es hingehen, wenn dreissigtausend Menschen zweiundzwanzig Männern zuschauen und dabei rauchen oder Eis essen. Doch beim politischen Spiel, diesem lebensgefährlichen Match weniger älterer Herren, verlieren, wer sonst auch scheinbar gewinnen mag, immer die Zuschauer! Achtet auf die Arena! Bildet euch ein Urteil! Nehmt beizeiten Einfluss! Verjüngt beizeiten die Mannschaften! Von der Städte-Auswahl bis zur Nationalmannschaft! Denn es wird um die Zukunft gespielt. Nicht um unsere Zukunft, sondern um die eure!

1959

ERKLÄRUNG FÜR RIAS, »KULTURSPIEGEL«

Sehr geehrte Zuhörer,
gestern teilte mir David Carver, der Generalsekretär des Internationalen PEN, aus London mit, dass das ungarische Justizministerium die von uns erbetene Begnadigung der im November 1957 verurteilten und seitdem inhaftierten Schriftsteller abgelehnt hat. Damit haben jene neun Delegationen – unter ihnen unsere eigene Delegation, die des deutschen PEN-Zentrums Bundesrepublik – rechtbehalten, die auf dem Frankfurter Kongress im vorigen Monat gegen die Wiederaufnahme des ungarischen PEN-Zentrums stimmten, weil sie von vornherein an den Erfolg eines versöhnlichen Entschlusses nicht glauben wollten. Die ungarische Delegation hat ihr in Frankfurt zugesagtes Versprechen eingelöst und die Bitte des Kongresses an die Regierung weitergegeben. Aber die Regierung in Budapest hat mit Nein geantwortet. Das ist nicht die Schuld des ungarischen PEN-Clubs. Die Antwort enthüllt, wieder einmal, den Diktator der Diktatoren: das Prestige. In dem Telegramm, das vom Chef der Abteilung »Inspektion« im Justizministerium unterzeichnet ist, lautet ein Satz: »At present your request cannot be fulfilled«, also: »Im augenblicklichen Zeitpunkte kann Ihre Bitte nicht erfüllt werden.« Diese einschränkende

Bemerkung wird auch von den gutwilligsten PEN-Zentren als das genommen werden, was sie ist: als eine Floskel. Noch steht die Antwort auf das Ersuchen Professor Carry Hausers, des Generalsekretärs des österreichischen PEN-Zentrums, aus: Man solle ihm erlauben, die Kollegen Tibor Dery, Gyula Hay und deren Schicksalsgenossen im Gefängnis aufzusuchen, mit ihnen zu sprechen und sich und dann uns über ihr Befinden zu informieren. Wird man mit Ja oder mit Nein oder überhaupt nicht antworten? Zu großen Hoffnungen besteht kein Anlass.

In der Schlußsitzung des Kongresses, in der Aula der Heidelberger Universität, habe ich gesagt: »Die Majorität der Delegierten hat, als sie für die Wiedererrichtung des ungarischen Zentrums stimmte, gemeint, eine kleine Chance sei besser als keine Chance.« Dabei dachte ich an die kleine Chance für die Schriftsteller im Gefängnis. Nun, es war auch und zugleich eine kleine Chance für das Ansehen der ungarischen Regierung in der freieren Welt. Die Regierung Kadar hat die kleine Chance nicht wahrgenommen. Sie hat, nach der Abstimmung von 37 nationalen PEN-Zentren, die Hoffnungen unserer Majorität desavouiert und die Skepsis unserer Minorität bestätigt. Darüber kann und wird sich niemand freuen. Auch die Minorität nicht. Denn rechtzubehalten ist nicht immer ein Anlass zur Freude. Und zur Schadenfreude schon gar nicht. – Ich danke Ihnen usw.

1959

SOLL MAN UNDANKBAR SEIN?

Vor einigen Monaten wurden, während eines Kongresses in München, die zwanziger Jahre als nahezu Perikleische Epoche bezeichnet. Auch wenn der Vergleich zu schmeichelhaft ausgefallen sein sollte, dürfte schon heute klar sein, daß jenes deutsche Jahrzehnt andere Dezennien auffällig überragt. Und wenn man sich vor Augen hält, in welcher politischen und sozialen Landschaft Literatur und Kunst damals subtropisch blühten, wird das Ereignis fast rätselhaft. Verlorener Krieg, mißlungene Revolution, Femmemorde, Putsche, Streiks, Inflation, Schwarze Reichswehr, progressive Arbeitslosigkeit, extremistische Parteien, Saalschlachten, Demokratie und Regierung halb gelähmt und kurz vorm Schlaganfall – war denn das die rechte Witterung für Blüte und Ernte? War denn der Vulkan die ideale Landschaft?

Hier ist nicht der Ort, die Frage zu beantworten, und ich bin, davon abgesehen, für die Antwort nicht der geeignete Mann. Denn ich verdanke den zwanziger Jahren zuviel, als daß ich die erforderliche Objektivität aufbrächte. Ich empfände den Versuch, objektiv zu sein, als einen Versuch, undankbar zu werden.

1961

OSTERMARSCH 1961

Ansprache auf dem Königsplatz in München

Das Kuratorium für den diesjährigen Ostermarsch hat mich gebeten, die süddeutsche Marschgruppe und die übrige Versammlung hier in München zu begrüßen, und ich habe ohne Zögern zugesagt. Mit schlechtem Gewissen nur insofern, als ich mich, wie ich weiß und Sie bald gemerkt haben werden, zum Versammlungsredner nicht eigne. Doch wenigstens in *einem* Punkte möchte ich hinter versierten Rednern nicht zurückstehen: Ich werde mit einem Goethe-Zitat beginnen, und zwar mit dem Zwiegespräch zweier selbstzufriedner Bürger in jener Szene aus dem »Faust«, die gemeinhin »Der Osterspaziergang« genannt wird. Da sagt der eine Bürger: »Nichts Bessers weiß ich mir an Sonn- und Feiertagen / Als ein Gespräch von Krieg und Kriegsgeschrei, / Wenn hinten, weit, in der Türkei, / Die Völker aufeinanderschlagen. / Man steht am Fenster, trinkt sein Gläschen aus / Und sieht den Fluß hinab die bunten Schiffe gleiten; / Dann kehrt man abends froh nach Haus / Und segnet Fried und Friedenszeiten.« Und der andre Bürger, dem das aus der Seele gesprochen ist, antwortet: »Herr Nachbar, ja! so laß ichs auch geschehn; / Sie mögen sich die Köpfe spalten, / Mag alles durcheinandergehn; / Doch nur zu Hause bleibs beim alten!«

Der Unterschied zwischen Osterspaziergängen, so beliebt

sie noch immer sind, und den neumodischen Ostermärschen in England, in Dänemark, bei uns und anderswo mag groß sein. Doch der Unterschied zwischen dem gemütlichen Köpfespalten »hinten, weit, in der Türkei« und der Kernspaltung ist noch ein bißchen größer. Warum marschieren denn Sie, die das Marschieren verabscheuen? Warum wohl setzt sich Bertrand Russell, der Mathematiker, Nobelpreisträger und Philosoph, achtundachtzig Jahre alt, im Schneidersitz demonstrativ vors englische Verteidigungsministerium? Weil ihm und Ihnen und uns allen keine hübschere Art der »Freizeitgestaltung« einfiele? Wir bedienen uns der Demonstration als eines demokratischen Mittels, die Regierungen und Parlamente an ihre Pflicht zu erinnern. Was werfen wir den Wichtigtuern und Tüchtigtuern demonstrativ vor? Lassen wir die großen Vokabeln getrost aus dem Spiel! Reden wir nicht von »Verrat am Christentum« und ähnlich massiven Gegenständen. Wir sind ja keine pathetische Sekte, sondern nüchterne Leute. Deshalb werfen wir ihnen zweierlei vor: Mangel an Phantasie und Mangel an gesundem Menschenverstand. Ihr Mut und ihre Vorstellungen stammen aus Großmutters Handkörbchen. Ost und West spielen einen Dauerskat mit Zahlenreizen, als ginge es um die Achtel. Aber es geht ums Ganze!

Ich versage es mir, mich über die zwei Mangelkrankheiten zu verbreiten, woran die einen leiden und an denen alle anderen sterben könnten. Ich möchte Ihnen stattdessen vorlesen, was ein berufener Mann geschrieben hat. Ein Mann mit Phantasie und gesundem Menschenverstand, der außerdem, im Gegensatz zu mir, ein Fachmann ist. Ich meine Carl Friedrich von Weizsäcker, den in Hamburg lebenden und lehrenden Atomphysiker und Philosophen. Er schreibt im Taschenbuch »Kernexplosionen und ihre Wirkungen«, dessen Vorwort am 18. März, also vor rund vierzehn Tagen, in der Zeitung »Die Welt« abgedruckt worden ist: »Entweder wird das technische Zeitalter den Krieg abschaffen, oder der Krieg wird das technische Zeitalter abschaffen ... Die Entwicklung des technischen Zeitalters ist dem Bewußtsein des Menschen davongelaufen. Wir denken und handeln von Begriffen aus, die früheren Zuständen der Menschheit angemessen waren, den heutigen aber nicht. Wir könnten uns wahrscheinlich sehr viele überflüssige Anstrengungen ersparen, wenn wir etwas mehr Zeit und Kraft darauf verwendeten, uns die Lebensbedingungen unserer Welt in aller Ruhe klarzumachen ... Beim Versuch einer sorgfältigen Abschätzung bin ich zu der Vermutung gekommen, daß ein Atomkrieg (mit vollem Einsatz der existierenden Waffen) vielleicht 700 Millionen Menschen töten würde, darunter den größeren Teil der Bevölkerung der Großmächte, die heute als Träger dieses Krieges allein in Betracht kommen. Er würde wahrscheinlich einige weitere hundert Millionen mit schweren Strahlen- und Erbschäden zurücklassen. Bedenkt man die wahrscheinliche Wirkung eines solchen Vorgangs auf die Überlebenden, so wird man wohl vermuten müssen, daß sie bereitwären, zu jedem Mittel zu greifen, das die Wiederholung einer solchen Katastrophe zu verhindern verspräche. Vermutlich unterwürfen sie sich also einer Weltdiktatur, als deren Träger dann beim Kräfteverhältnis nach der weitgehenden Zerstörung der hochindustrialisierten Weltmächte Amerika und Rußland am ehesten China in Betracht käme. Wer das durchdenkt, wird überzeugt sein, daß dieses Unglück vermieden werden muß, soweit das überhaupt in menschlichen Kräften steht. Er wird insbesondere erkennen, daß die Kultur und die bürgerliche Freiheit, die wir ja doch zu schützen wünschen, durch jenen Krieg aller Voraussicht nach zerstört werden würden! ... Die Zukunft jeder einzelnen Nation wird davon abhängen, daß sich in jeder einzelnen Nation Menschen finden, die begreifen, daß Souveränität im alten Sinn heute unmöglich ist. Zu dem Mißverstehen der Weltlage erscheinen mir die vielfach sich regenden Wünsche nach einer nationalen Atomrüstung zu gehören.«

So weit Carl Friedrich von Weizsäcker. Ein Fachmann. Ein Mann mit gesundem Menschenverstand. Und ein Mann mit Phantasie, die nicht das mindeste mit Phantasterei zu schaffen hat. Ich muß gestehen, daß mir einige seiner Sätze den Atem verschlagen haben. Nicht seine Schätzung, ein solcher Atomkrieg werde an Toten und Verseuchten etwa eine Milliarde Menschen kosten. Ähnliche Ziffern haben auch andere Fachleute genannt. Auch seine Erwartung, Amerika und Rußland würden im Doppelselbstmord enden, mitsamt den Gernegroßmächten in beiden Lagern, teilen wir ja seit langem. Was mir den Atem benahm, war Weizsäckers Schlußfolgerung. Mich erregte die Konsequenz. Mich überwältigte die Logik seiner Phantasie. Viele unter uns, auch ich, haben immer nur das gigantische Leichenfeld vor Augen gesehen, aber niemals den gigantischen Erben! China! Das immense Land! Das riesige Volk! Und dessen Regierung, die Rußland immer wieder zum harten Kurs gegen Amerika auffordert!

Phantasie? Nur Phantasie? Nun, diese Phantasie eines deutschen Atomphysikers ist tausendmal realistischer als der Routinetraum deutscher Generäle, Westdeutschland, wenn nicht gar die westliche Welt bei Hof und Helmstedt mit taktischen Atomwaffen zu retten. Die Herren haben bekanntlich den Ersten und den Zweiten Weltkrieg gewonnen. Denn wo nähmen sie sonst die großen Worte her? Welches

Einfache Fahrt
Gültig am 29.04.23

Normalpreis 1 BC 25

1 Erwachsener Kl.: 2

von **München Hbf**

nach **Peiting Ost**

über MPAS*WM

DEUTSCHLANDTARIF
UMTAUSCH/ERSTATTUNG KOSTEN-
PFLICHTIG AB 1.GELTUNGSTAG

NUR GÜLTIG IN ZÜGEN DES NV

BahnBonus
EUR*14,40

	MwSt D:		
648220922	***14,40	7,00% =	****0,94
69631199-18			
32	29.04.23	07:06	girocard

921919 101 06392

Es gelten die jeweiligen nationalen und internationalen Beförderungs-
bedingungen der jeweiligen Beförderer, von Verkehrsverbünden und
Tarifgemeinschaften. Den jeweiligen Beförderer (außerhalb von Verkehrsverbünden und Tarifgemeinschaften) finden Sie unter:
www.DieBeoerderer.de bzw. www.bahn.de/agb

Eine Fahrkarte entspricht grundsätzlich einem Beförderungsvertrag.
Dieser kann mit einem oder mehreren Verkehrsunternehmen
als vertragliche Beförderer geschlossen werden.

Bei Fragen zu Fahrgastrechten wenden Sie sich bitte an Ihren
Zugbegleiter oder an eine Verkaufsstelle.

**Bitte beachten Sie! Ihre Fahrkarte wurde auf Thermopapier
gedruckt. Schützen Sie das Papier vor Sonneneinstrahlung,
Feuchtigkeit, Wärme und schädigenden Stoffen wie Fetten oder
Lösungsmitteln, die z.B. in Klarsichtfolien/-hüllen enthalten sind.**

Änderungen der Eintragungen oder Manipulationen machen die
Fahrkarte ungültig.

921919 101 06391

Es gelten die jeweiligen nationalen und internationalen Beförderungs-
bedingungen der jeweiligen Beförderer, von Verkehrsverbünden und
Tarifgemeinschaften. Den jeweiligen Beförderer (außerhalb von Verkehrsverbünden und Tarifgemeinschaften) finden Sie unter:
www.DieBeoerderer.de bzw. www.bahn.de/agb

Eine Fahrkarte entspricht grundsätzlich einem Beförderungsvertrag.
Dieser kann mit einem oder mehreren Verkehrsunternehmen
als vertragliche Beförderer geschlossen werden.

Bei Fragen zu Fahrgastrechten wenden Sie sich bitte an Ihren
Zugbegleiter oder an eine Verkaufsstelle.

**Bitte beachten Sie! Ihre Fahrkarte wurde auf Thermopapier
gedruckt. Schützen Sie das Papier vor Sonneneinstrahlung,
Feuchtigkeit, Wärme und schädigenden Stoffen wie Fetten oder
Lösungsmitteln, die z.B. in Klarsichtfolien/-hüllen enthalten sind.**

Änderungen der Eintragungen oder Manipulationen machen die
Fahrkarte ungültig.

921919 101 06390

Es gelten die jeweiligen nationalen und internationalen Beförderungs-
bedingungen der jeweiligen Beförderer, von Verkehrsverbünden und
Tarifgemeinschaften. Den jeweiligen Beförderer (außerhalb von Verkehrsverbünden und Tarifgemeinschaften) finden Sie unter:
www.DieBeoerderer.de bzw. www.bahn.de/agb

Eine Fahrkarte entspricht grundsätzlich einem Beförderungsvertrag.
Dieser kann mit einem oder mehreren Verkehrsunternehmen
als vertragliche Beförderer geschlossen werden.

Bei Fragen zu Fahrgastrechten wenden Sie sich bitte an Ihren
Zugbegleiter oder an eine Verkaufsstelle.

Argument könnten sie sonst für ihre dritte Siegeszuversicht ins Treffen führen? Ins Atomtreffen? Ich wüßte keines.

Trotz solcher Sorge, verstärkt durch die Besorgnis, die SPD könne eines Tages in die CDU eintreten, haben wir einen neuen Grund zur Hoffnung. Denn in Washington ist, im Zusammenhang mit der unsinnigen Formel, Kriege ließen sich durch Aufrüstung verhindern, ein für Militärtheoretiker ungewöhnliches Wort gefallen: das Wort »Zufall«! Man hat zwar die alte Formel nicht zum alten Eisen geworfen. Man hat aber verlautbart, daß sie per Zufall ungültig werden könne, und je größer der »Atomclub« werde, umso größer werde die tödliche Gefahr des Zufalls. Den Gegnern der Atomrüstung hat man damit nichts Neues erzählt. Wir haben schon immer gemeint, ein Pilot oder wer immer brauche nicht nur deswegen wahnsinnig zu werden, weil er am Abwurf einer Atombombe schuld ist, sondern auch, weil er die Macht hätte, sie abzuwerfen, jedoch nicht die Erlaubnis hierfür, und daß er gerade deshalb auf den Zauberknopf drücken werde.

Vor ein paar Tagen, am 28. März, hat sich die Frankfurter Allgemeine Zeitung im Leitartikel ihres Militärsachverständigen zum Thema geäußert. Herr Weinstein schreibt: »Offiziell setzt sich Washington weiter für die Abschreckungstheorie ein; aber es ist auch bekannt, daß namhafte Militärtheoretiker die These vertreten, mit der Abschreckung allein ließe sich ein Krieg keineswegs mehr verhindern.« Dann kommt er auf Henry Kissinger, einen wichtigen Berater des Präsidenten, zu sprechen, und damit auf »eine Regierung, die nicht felsenfest davon überzeugt ist, daß das Gleichgewicht des gegenseitigen Terrors den Schrecken für alle verhindern kann ... Die Gefahren sehen Kissinger und die ihm verwandten Geister« – damit wird natürlich nicht zuletzt auf Kennedy angespielt – »in der Möglichkeit, daß ein großer Krieg durch Zufall ausbräche.«

Wenn eine der zwei Atom-Großmächte im Hinblick aufs Jüngste Gericht der Technik das Wort von der zunehmenden Möglichkeit des puren »Zufalls« öffentlich gebraucht, so kann sie dieses Wort nie wieder zurücknehmen. Vor ihrer Nation nicht. Vor keiner Nation, und nicht vor der Geschichte. Man muß in Washington wissen, was man, vernünftigerweise, angerichtet hat, und ich glaube, man wird wissen, daß man in Moskau neuerdings nicht anders, sondern genau so denkt. Sollten sich, vom Worte »Zufall« angeregt, die beiden Zauberlehrlinge ehrlich auf den Spruch besinnen, der allein aus dem Teufelskreis herausführen kann? Sollten sie, wie der deutsche Atomphysiker aus Hamburg, an die Zeit nach der Katastrophe denken? Zum Beispiel an die chinesische Erbschaft? Sollten sie rechtzeitig den gesunden Menschenverstand, die Phantasie und den Mut aufbringen, zu den Atombomben und deren Generalvertretern zu sagen: »Besen! Besen! / Seids gewesen!«?

Das ist ein kleiner Lichtblick, aber noch kein Anlaß zu einem feierlichen Dankgebet, zu einem bundesdeutschen Dankgebet schon gar nicht. Unsere Heerführer und deren Wortführer marschieren, wie Kinder nun einmal sind, munter Trompete blasend an der Tête der amerikanischen Wachtparade immer geradeaus. Sie merken in ihrem Feuereifer, in ihrem Atomfeuereifer, gar nicht, daß die Wachtparade um die Ecke biegen will. Daß sie womöglich schon um die Ecke gebogen ist. Werden sich die Kinder umdrehen? Und werden sie sich dann – umschauen?

Es ist ein kleiner Lichtblick, mehr nicht. Immerhin, das Wort Zufall ist nicht zurückzunehmen. Es steht in Feuerschrift an der Wand, unauslöschbar, ein mächtiges Hilfszeitwort für unsere Sache. Unser friedlicher Streit für den Frieden geht weiter. Im Namen des gesunden Menschenverstands und der menschlichen Phantasie. Resignation ist kein Gesichtspunkt!

1961

LESESTOFF, ZÜNDSTOFF, BRENNSTOFF

Anfang Oktober hat in Düsseldorf eine Jugendgruppe des »Bundes Entschiedener Christen«, wohlversehen mit Gitarrenbegleitung, einem evangelischen Pressefotografen und zwei etwa dreißigjährigen Diakonissinnen, am Ufer des Rheins Bücher verbrannt. Unter Absingung frommer Lieder. Mit Genehmigung des Amtes für öffentliche Ordnung. Und, wie dergleichen zu geschehen pflegt: spontan.

Die jungen Protestanten hatten ihren spontanen Entschluß bei besagtem Amte vier Wochen vorher angemeldet, und die Polizei hatte das Autodafé erlaubt. Wegen des feuergefährlichen Funkenflugs allerdings nicht auf dem im Gesuch erwähnten Karlplatz, sondern am Rheinufer. Hier wurden dann also, neben Schundheften, Bücher von Camus, der Sagan, von Nabokov, Günter Grass und mir mit Benzin begossen und angezündet.

Die Schundhefte waren jugendliches Eigentum. Den literarischen Teil des Zündstoffs hatte man aus den Regalen von Eltern und entfernteren Verwandten entfernt, beizeiten ins Jugendheim gebracht und dort in Pappkartons deponiert gehabt. Spontaneität ist seit alters ein schönes Vorrecht der Jungen.

Die in- und ausländische Presse griff das Ereignis sofort auf. Und als ich, eine Woche danach, wegen einer seit Monaten anberaumten Vorlesung, in Düsseldorf eintraf, erschien ich, trotz des Zufalls, wie aufs Stichwort. Die Evangelische Landeskirche hatte sich distanziert. Die Zeitungen brachten Leserbriefe, Glossen und Reportagen. Und was taten die kleinen Brandstifter? Sie waren verblüfft. Sie wiesen jede Anspielung auf die Bücherverbrennung vom 10. Mai 1933 entrüstet von sich. In einer ihrer Bibelstunden war von einem Briefe des Apostels Paulus an die Epheser die Rede gewesen und von der Verbrennung heidnischer Zauberbücher. Nicht Goebbels, sondern Paulus hatte sie inspiriert. Sie kannten nicht die deutsche, sondern die Apostelgeschichte.

Mich verdroß diese Unbildung. Mich verdroß der bewiesene »Feuereifer«. Mich verdroß noch mehr, daß, nach wie vor, von einer spontanen Aktion die Rede war. Denn junge Christen, welcher Konfession auch immer, sollten nicht frecher lügen als andere junge Leute. Und am meisten verdroß mich die Schweigsamkeit der städtischen Behörden. Denn daß das Amt für öffentliche Ordnung einen bedenklichen Fehler gemacht hatte, als es nur an den Funkenflug auf dem Karlplatz dachte, nicht aber an brennendere Probleme, mußte dem Rathaus längst klargeworden sein.

Das Rathaus, das war der Oberbürgermeister. Und der Oberbürgermeister war, wie ich hörte, ein aufrechter Sozialdemokrat. Warum schwieg er so gründlich? Warum erteilte er dem ihm unterstellten öffentlichen Amt keinen öffentlichen Verweis? Lore und Kay Lorentz vom Kabarett »Kom(m)ödchen« vermittelten eine Unterhaltung. Ein Schriftsteller würde das Oberhaupt Düsseldorfs fragen können, warum man eine solche »Affäre« auf sich beruhen ließ.

Im Amtszimmer wurden Kaffee und Zigaretten serviert. Reporter blitzten Fotos für die Morgenblätter. Bilder mit gemütlichen Unterschriften standen bevor. Handelte es sich hier um Kommunaldiplomatie oder um ein Mißverständnis? In jedem Fall verdarb ich die Stimmung, als ich mich angelegentlich erkundigte, wem es oblegen und wer es somit versäumt habe, die Ärgernisse der vergangenen Woche offiziell zu verurteilen. Der Oberbürgermeister wollte das joviale Kaffeestündchen retten. Ich blieb neugierig. Wir verdarben einander das Konzept. Das Ganze, so sagte er, sei ein Dummerjungenstreich gewesen, den man nicht hochspielen solle, und das Amt für öffentliche Ordnung habe korrekt gehandelt. Diese Instanz müsse sich um den Funkenflug kümmern. Das habe sie getan. Den literarischen Wert oder Unwert des Brennmaterials zu beurteilen, sei nicht ihres Amtes.

Und obwohl nun das Ehepaar Lorentz von anonymen Drohbriefen erzählte, die es, wegen seines Kabarettprogramms, laufend erhalte; obwohl die am Kaffeetisch sitzenden Journalisten berichteten, dass soeben auf dem Kongress des »Christlichen Vereins Junger Männer« die Bücherverbrennung von fast 200 deutschen Delegierten begrüßt worden war; obwohl auf Ludwig Erhards hilflosen Jähzorn die Rede kam, mit dem er die intellektuellen »Pinscher« traktiert hatte, und auch als diese und andere Peinlichkeiten in politischen Zusammenhang gebracht wurden – noch dann beharrte der Oberbürgermeister auf seinem Standpunkt. Er ärgerte sich immer offensichtlicher über die Taktlosigkeit seiner Gäste. So durfte man mit einem Hausherrn nicht umspringen! Ich empfahl mich, und der Abschied fiel uns leicht.

Zu Beginn meiner Vorlesung am gleichen Abend berichtete ich dem Publikum kurz von dem mißglückten Besuch. Das war nicht höflich? Es war notwendig. Jedermann hat das Recht, Literatur, die er mißbilligt, im Ofen oder auf dem Hinterhof zu verbrennen. Aber ein öffentliches Feuerwerk veranstalten, das darf er nicht. Auch nicht, wenn er ein entschiedener Christ ist. Auch nicht, wenn es die Polizei erlaubt. Auch nicht, wenn der Oberbürgermeister nichts dabei findet. Und nicht einmal, wenn der Oberbürgermeister Sozialdemokrat ist.

Mehrere Wochen später: Neuigkeiten aus Düsseldorf. Auf der Bundestagung der »Entschiedenen Christen« wurde die Bücherverbrennung lebhaft gebilligt! Daraufhin erklärte der Oberbürgermeister während einer Sitzung des Magistrats, daß er, nun doch, das Feuerwerk am Rheinufer verurteile. Und daß es nötig sein werde, dem Amt für öffentliche Ordnung Weisungen zu erteilen, die sich nicht nur auf den Funkenflug bezögen.

Diese zwei bis drei Neuigkeiten standen, außer vielleicht in Düsseldorf, nicht in der Zeitung. Ich erfuhr sie, brieflich, durch einen Bekannten, der dort wohnt. Anfang Oktober hatte sich die öffentliche Meinung an den brennenden Büchern entzündet. Und was ist nun? Der Oberbürgermeister hat seinen Fehler korrigiert, und die spontanen Christen haben ihre Schuld verdoppelt. Aber es hat sich nicht herumgesprochen.

1965

DIE EINBAHNSTRASSE
ALS SACKGASSE

Gestern war ich in Nürnberg. Am Tage vorher hatten in Bayern Gemeindewahlen stattgefunden und im großen und ganzen die Erwartungen bestätigt. Nur eben in Nürnberg, der Hauptstadt Frankens, und in den übrigen fränkischen Städten, wie in Bayreuth, Bamberg, Ansbach, holte man tief Luft. Man schüttelte ungläubig den Kopf. Warum? Die NPD, die Nationaldemokratische Partei, war, als einzige Splitterpartei, in den Vordergrund gewählt worden. Sie hatte hier und da die FDP überrundet, also die immerhin drittgrößte Partei in der Bundesrepublik. In Bayreuth hatte sie 10,5 Prozent der abgegebenen Wählerstimmen auf sich vereinigt, anderswo 9,5 Prozent und 9 und 8 – und in Nürnberg selber 7,5 Prozent!

Die Verblüffung ist verständlich. Bei der Bundeswahl im vorigen Jahr kandidierte die NPD zum erstenmal überhaupt und erhielt zwei Prozent der Stimmen. Und diesmal, bei den Kommunalwahlen, glich das Ergebnis im übrigen Bayern jenem vorjährigen Bundesresultat. Außer, wie gesagt, in Franken. Hat das abnorme Votum mit dem Volksstamm zu tun? Oder mit der NPD? Man braucht die drei Buchstaben nur umzustellen und durch zwei weitere, nämlich durch SA, zu ergänzen – und die neue Firma erinnert uns, ganz gewiß mit

Absicht, an eine ältere: an die NSDAP. Haben die Franken nationaldemokratisch gewählt, weil sie ums Drei- bis Vierfache nationalsozialistischer sind als die Bewohner Bayerns?

Wenn das zuträfe, hätten wir's mit einer regionalen Abnormität zu tun. Schlimm in und für Franken, aber nicht so schlimm für unsere Demokratie und zweite Republik. Ich fürchte, diese sanfte Deutung wäre falsch. Auch und gerade für Nürnberg, obwohl hier die Reichsparteitage und die Kriegsverbrecherprozesse stattfanden. Denn Nürnberg unterscheidet sich kommunalpolitisch nicht von unseren anderen Großstädten. Auch hier ist der Oberbürgermeister ein Sozialdemokrat. Und, wie in den anderen Rathäusern, hilft auch im Nürnberger Rathaus kein weltpolitisches Geschwafel. Hier geht es um Wohnungen, Straßen und Schulen. Hier heißt es: Hic urbs, hic salta! Hier ist man nicht nur Stadtrat und Fraktionsmitglied, sondern, unmittelbar, auch Mitbürger.

Es kann nicht an den Franken, es muß an den Nationaldemokraten gelegen haben! Hier war ihr Versuchsfeld. Hier wurde »es«, mit erschwinglichen Unkosten, einmal ausprobiert. Hier veranstalteten sie, mit Pauken und Trompeten, nationale Fackelzüge. Hier ließen sie sich, bei Gegendemonstrationen, in bescheidene Schlägereien ein. Und hier hatten sie vorgestern jenen Wahlerfolg, der auch sie verblüfft haben dürfte. Der regionale Test hat ihre Erwartungen übertroffen. Sie werden ihn künftig einkalkulieren.

Sie wissen jetzt, statistisch nachprüfbar, zweierlei. Erstens: Die öffentliche Unzufriedenheit wächst. Und zweitens: Sie läßt sich, zwanzig Jahre nach dem Zusammenbruch des Dritten Reiches, wieder mit den alten Phrasen anheizen und gängeln. Man braucht nicht mehr zu fordern, daß die Mängel unserer Demokratie beseitigt werden. Man kann mit wachsender Zustimmung rechnen, wenn man fordert, daß die Demokratie selber abgeschafft wird. Ich sehe zu schwarz?

Wir haben Pech mit der Demokratie. Ob nun 1918 oder 1945, sie war das Aschenputtel der Jahre Null. Sie durfte beide Male den Dreck und die Schande wegputzen, die uns nationalistische Großmäuler hinterlassen hatten. Sie durfte das Land wieder hochbringen. Sie durfte dem Volk wieder zu einigem Ansehen verhelfen. Und sie durfte, obwohl sie das beide Male nicht gedurft hätte, der Remilitarisierung Vorschub leisten. Damit hatte Weimar sein demokratisches Soll erfüllt. Die Wirtschaftskrise kam. Die Unzufriedenen formierten und uniformierten sich. Und sie schwenkten, mit Fackeln und Gesang, in jene Einbahnstraße ein, die eine Sackgasse war.

Und diesmal? Auch Bonn hat sein Soll erfüllt. Noch ist, trotz sinkender Konjunktur und schleichender Inflation, die Wirtschaftskrise mit jener der zwanziger Jahre unvergleichbar. Doch die Unzufriedenen formieren sich schon. Drohbriefe sind an der Tagesordnung. Nachts werden Haustüren in Brand gesteckt. Offiziere und Unteroffiziere der Bundeswehr haben für die NPD kandidiert. Es ist fast wieder so weit.

Gestern las ich im Nürnberger Schauspielhaus mein »Deutsches Ringelspiel 1947« vor. Die Verse des »Widersachers« wirkten erstaunlich aktuell. Das fand auch das (vorwiegend jugendliche) Publikum.

»Videant consules!« möchte man rufen. Aber die Herren haben seit längerem mit der Wahl des CDU-Vorsitzenden zu tun. Vier bis fünf Stellvertreter soll er kriegen. Hübsch proportioniert. Nicht zu viele Protestanten. Nicht allzu viele Katholiken. Die Köpfe rauchen. – Und der bekannte Marsch in die Einbahnstraße, die eine Sackgasse ist, kann demnächst ungestört beginnen.

Ich sehe zu schwarz? Nun, ich möchte in dieser Sache, eines hoffentlich schönen Tages, tausendmal lieber als Schwarzseher getadelt denn als Hellseher gelobt werden.

1966

GEGEN DEN KRIEG IN VIETNAM

Zur Münchener Demonstration am 15. März 1968

Im November 1945 begannen in Nürnberg die Kriegsverbrecherprozesse. Nachdem ich am ersten Prozeßtage teilgenommen hatte, schrieb ich am 22. November 1945 in der »Neuen Zeitung« u. a.:
»Man wird die Verantwortlichen zur Verantwortung ziehen. Ob es gelingt? Und dann: es darf nicht nur diesmal gelingen, sondern in jedem künftigen Falle! Dann könnte der Krieg aussterben. Wie die Pest und die Cholera. Und die Verehrer und Freunde des Krieges könnten aussterben. Wie die Bazillen. Und spätere Generationen könnten eines Tages über die Zeiten lächeln, da man einander millionenweise totschlug. Wenn es doch wahr würde! Wenn sie doch eines Tages über uns lächeln könnten!«

Soweit das Zitat aus dem Jahre 1945. Jetzt schreiben wir 1968. Aus der Hoffnung, man könne eines Tages, z.B. heutzutage, über die Sünde und Schande von damals lächeln, ist nichts geworden. Die Zukunft hat wieder einmal nicht begonnen. Die Zukunft wurde wieder einmal vertagt.

Sorgen Sie weiter dafür, daß sie auf der Tagesordnung bleibt! Der gesunde Menschenverstand ist nicht der Hanswurst der Politik. Die Humanität ist nicht der dumme August der Geschichte.

Mein Wunsch lautet: Bleiben Sie vernünftig und unerbittlich! Und dieser Wunsch gilt auch in der Umkehrung: Bleiben Sie unerbittlich und vernünftig!

1968

DANKESREDE ZUR VERLEIHUNG DES LITERATURPREISES DEUTSCHER FREIMAURER

Sie haben mich, hier und heute, mit Ihrem diesjährigen Literaturpreis ausgezeichnet. Mit einem Preise, der noch sehr jung ist. Ganz besonders jung, wenn man ihn an dem ehrwürdigen Alter Ihrer Vereinigung mißt. Sie verleihen ihn heute zum zweiten Mal und haben, schon als Sie im Mai 1966 Max Tau auszeichneten, einen ganz gewiß wohlüberlegten Schritt aus der traditionellen Zurückhaltung in die Öffentlichkeit getan. Darüber wird vielleicht noch zu reden sein.

Sie haben mir außerdem einen kostbaren Ring an den Finger gesteckt, der noch dazu, für mich besonders ehren- und bedeutungsvoll, den Namen Lessings trägt. Es ist nicht nur *Ihr* zweiter, es ist auch *mein* zweiter Ring. Den ersten schenkte mir, vor mehr als einem halben Jahrhundert, in Dresden eine vermögende Tante. Er war mit einem Lapislazuli-Stein geschmückt, und ich besaß ihn etwa zehn Stunden lang. Er wurde mir am gleichen Tag im Sächsischen Staatstheater gestohlen. Ich hatte ihn, in der großen Pause, beim Händewaschen abgezogen und vergessen, merkte es erst im Foyer, rannte zurück, doch der Ring war und blieb verschwunden.

Welches Stück an jenem Abend gespielt wurde, weiß ich

nicht mehr. Aber eines steht fest: »Nathan der Weise« mit seiner Ring-Parabel war es nicht. So viel Symbolgehalt hätte meinem Verlust und Tante Linas Ring nicht angestanden.

Und noch etwas anderes steht fest: Ich werde auf meinen zweiten Ring besser aufpassen müssen als auf den ersten. Damit Sie eines Tages in meinem Nachlaß nicht etwa ein Falsifikat finden, mit einem Zettel von mir, samt dem Nathan-Satz: »Der echte Ring, vermutlich, ging verloren.«

Nun aber wird Zeit, daß ich mich in aller Form für den Literaturpreis, für den Lessing-Ring und für die ehrenden und lobenden Worte bedanke, mit denen Sie meine Talente und meine bürgerlichen Tugenden beschrieben haben. Ich danke Ihnen von ganzem Herzen und bringe dennoch, als Antwort, kein »Wort zum Sonntag« zuwege. Wenn ich sage: »Ihr Lob war zwei bis drei Hutnummern zu groß«, so hat das nicht im mindesten mit Koketterie und falscher Bescheidenheit zu tun. Ich glaube mich einigermaßen zu kennen, und dazu gehört, daß ich meine Grenzen kenne.

Nun, die Grenzen seines *Talents* erkennt man, bei einiger Einsicht und guten Augen, auch ohne Fernglas. Bei den Grenzen der *Tugenden*, die man zu besitzen glaubt, z.B. bei der Freiheitsliebe, bei der Toleranz und dem nötigen Bürgermut, der mit dem Fremdwort »Zivilcourage« abgetan wird, hilft nicht einmal ein Fernglas, obwohl unsere Grenzen leider und oft genug zum Greifen nahe sind. Wir bemerken sie erst in der gefährlichen Stunde, die man die »Stunde der Wahrheit« nennt. Wie weit solche Tugenden reichen und ob sie ausreichen, lehrt uns einzig und allein die Erfahrung. Das Leben unterzieht uns, immer wieder einmal, einer Prüfung. Nur die wenigsten kamen und kommen ungeprüft davon, schon gar nicht im 20. Jahrhundert. Und die vielen, die, wie die meisten von uns, examiniert wurden, waren und sind sich mit Recht im Zweifel, ob sie bestanden haben. Es gibt keine Zeugnisse.

Es sein denn, man erhielte, wie heute zum Beispiel ich, einen Preis, der, noch dazu mit dem goldenen Ring als Stipendium, einem vorzüglichen Reifezeugnis täuschend ähnlich sieht. Verehrte Zuhörer, kurz und ohne Umschweife: Die Zensuren sind zu gut geraten. Ich hatte häufiger, als mir lieb sein konnte, Gelegenheit, meine Grenzen kennen zu lernen, und ich halte es für richtig, wenigstens von einer dieser »Stunden der Wahrheit« zu erzählen. Es ist – wenn auch nicht auf den Tag, so doch auf den Monat genau – fünfunddreißig Jahre her, daß in allen deutschen Universitätsstädten die Bücher unbequemer Schriftsteller öffentlich verbrannt wurden. Unbequem für wen? Unbequem für die kurz zuvor etablierte Schreckensherrschaft. Der Arrangeur des Feuerwerks war Doktor Goebbels, und als seine eifrigsten Handlanger betätigten sich die nationalsozialistischen Studenten. Auch meine Bücher wurden verbrannt. Und ich stand unter den Zuschauern. Ich habe mich, damals schon und seitdem manches Mal, gefragt: »Warum hast du, am 10. Mai 1933 auf dem Opernplatz in Berlin, nicht widersprochen? Hättest du, als der kleine hinkende Teufel eure und auch deinen Namen in die Mikrophone brüllte, nicht zurückschreien sollen?«

Daß ich dann heute nicht hier stünde, darum geht es nicht. Nicht einmal, daß es zwecklos gewesen wäre, steht zur Debatte. Helden und Märtyrer stellen solche Fragen nicht.

Als wir Carl von Ossietzky baten, bei Nacht und Nebel über die Grenze zu gehen – es war alles vorbereitet – sagte er nach kurzem Nachdenken: »Es ist für sie unbequemer, wenn ich bleibe«, und er blieb. Als man den Schauspieler Hans Otto, meinen Klassenkameraden, in der Prinz-Albrecht-Straße schon halbtot geschlagen hatte, sagte er, bevor ihn die

SS-Mörder aus dem Fenster in den Hof warfen, blutüberströmten Gesichts: »Das ist meine schönste Rolle.« Er war nicht nur auf der Bühne am Berliner Gendarmenmarkt der jugendliche Held. Beide Männer, und es waren nicht die einzigen, hatten sich in der Stunde der Wahrheit bewährt.

Und ich? Aber ich? Ich hatte angesichts des Scheiterhaufens nicht aufgeschrien. Ich hatte nicht einmal mit der Faust gedroht. Ich hatte sie nur in der Tasche geballt. Das nenne ich mir einen Helden!

Warum erzähle ich Ihnen das? Warum mische ich mich unter die reuigen Bekenner? Weil immer, wenn von der Vergangenheit gesprochen wird, auch von der Zukunft die Rede ist. Weil keiner unter uns und überhaupt niemand die Mutfrage beantworten kann, bevor die Zumutung an ihn herantritt. Keiner weiß, ob er aus dem Stoffe gemacht ist, aus dem der entscheidende Augenblick Helden formt. Kein Volk und keine Elite darf die Hände in den Schoß legen und darauf hoffen, daß im Ernstfall, im ernstesten Falle, genügend Helden zur Stelle sein werden.

Ja, und auch wenn sie sich zu Worte und zur Tat melden, tüchtiger als ich, die Einzelhelden zu Tausenden, – sie kämen zu spät. Im modernen undemokratischen Staat wird der Held zum Anachronismus. Im totalitären Regime wird er, ohne Mikrophone und ohne Zeitungsecho, zum tragischen Hanswurst. Sein Ruf nach Freiheit, Toleranz und Menschenwürde wird nicht gehört, sondern abgehört. Nur die Geheimdienste sind sein Auditorium. Seine Ideale, sein Opfermut und seine menschliche Größe, so unbezweifelbar sie sein mögen, haben keine politischen Folgen. Er wird, nutzlos, zum Märtyrer. Er stirbt offiziell an Lungenentzündung. Er wird zur namenlosen Todesanzeige.

Vielleicht wird man nach dem tapferen Manne, später

einmal, eine Straße oder einen Platz benennen. Womöglich geraten sein Name und seine Tat, vom schlechten Gewissen diktiert und in schlechtem Deutsch, sogar in die Lesebücher.

Bis zum nächsten Mal. Bis die Straßenschilder wieder ausgewechselt und die Bücher wieder verbrannt werden. Wann wird das sein? Sehe ich zu schwarz? Mißtraue ich dem Bürgersinn unseres Volkes, seinem demokratischen Talent mehr, als nötig ist? Irre ich mich so sehr? Ich will es hoffen. Ich möchte eines Tages tausendmal lieber als Schwarzseher getadelt denn als Hellseher gelobt werden.

Wie aber, wenn die Sorge am Platze wäre? Vor ein paar Tagen wurde Bundestagspräsident Eugen Gerstenmaier in Djakarta während einer Pressekonferenz gefragt, ob die NPD neonazistisch sei. Die Frage und die Antwort standen vorgestern, am Himmelfahrtstag, in der Zeitung. Herrn Gerstenmaiers Antwort lautete, ich zitiere den »Tagesspiegel«: ein solches Urteil sei »mindestens voreilig, wenn nicht dumm«.

Die Bemühungen der Weisen in Bonn, das Wachstum der NPD als Bagatellsache abzutun, sind chronisch. Daß sie die Resultate der bayerischen Gemeindewahlen 1966 verniedlichten, war schon ein Schildbürgerstreich aus dem Bilderbuch. Und heute? Heute noch? Noch heute? Ich will niemandem vorgreifen und spreche nur für mich, aber das tue ich unmißverständlich: Es ist mir wesentlich lieber, von Herrn Gerstenmaier für dumm gehalten zu werden, als demnächst, wieder einmal und schon wieder einmal, der Dumme zu sein. Mich (und noch ein paar Dutzend Millionen außer mir) davor zu bewahren, bedarf es keiner Ermächtigungsgesetze. Wozu eine *Schießbrille*? Das Auge des Gesetzes, das scharfe Auge des Strafgesetzes, dürfte ausreichen. Freilich: ohne zu schielen! Keine Schieß- und keine Schielbrille!

Am 10. Mai 1958 sagte ich in Hamburg, zum 25. Jahrestag der Bücherverbrennung: »Die Ereignisse von 1933 bis 1945 hätten spätestens 1928 bekämpft werden müssen. Später war es zu spät. Man darf nicht warten, bis die Verteidigung der Freiheit Landesverrat genannt wird. Man darf nicht warten, bis aus dem Schneeball eine Lawine geworden ist. Man muß den rollenden Schneeball zertreten. Die Lawine hält keiner mehr auf. Sie ruht erst, wenn sie alles unter sich begraben hat. Drohende Diktaturen lassen sich nur bekämpfen, ehe sie die Macht übernommen haben. Es ist eine Angelegenheit des Terminkalenders, nicht des Heldentums.« Soweit das Zitat.

Auf meinem Terminkalender steht sein ein paar Jahren: »Die Zeit der Schneebälle hat wieder begonnen. Die Schneeballsaison. Denk an Ovid.«

»Bekämpfe den Beginn!« schrieb der römische Dichter. Dieser Imperativ gilt immer. Er gilt auch heute. Fordern wir Wachsamkeit von denen, die uns regieren, und von denen, die uns in den Parlamenten vertreten! Dazu gehört nicht viel, nur eben ein wenig – Bürgermut.

Ich danke Ihnen für den Literaturpreis, für den Lessingring und für Ihre Aufmerksamkeit.

1968

REDE ZUR ERÖFFNUNG DER
BUCHAUSSTELLUNG B'NAI B'RITH

Meine Damen und Herren,
in dem Katalog, der dieser bedeutsamen Buchausstellung zur Hand geht und sie kenntnisreich ergänzt, findet sich auch eine Rubrik mit der Überschrift »Nachschlagewerke«. Eines der angeführten Lexika heißt »Juden im deutschen Kulturbereich«. Das Buch umfaßt, laut Katalog, mehr als tausend Seiten, erschien seinerzeit im »Jüdischen Verlag, Berlin«, wurde von Siegmund Kaznelson herausgegeben und von dem Chemiker Richard Willstätter, dem deutschjüdischen Nobelpreisträger des Jahres 1915, eingeleitet.

Der Zufall wollte es, daß mir Freunde, im vorigen Jahr und in anderem Zusammenhange, eine Fotokopie der Titelseite des Kompendiums zuschickten. Sie konnten nicht wissen, welches Kopfzerbrechen mir damals der Auftrag bereitete, heute zu Ihnen zu sprechen, und ich selber wußte erst, nachdem ich die Fotokopie studiert hatte, daß das Motto auf dieser Titelseite mir die Möglichkeit böte, meine kleine Ansprache sinnreich zu eröffnen.

Es handelt sich um den Abschnitt eines Briefs, den Friedrich Nietzsche am 24. März 1887 in Nizza an Franz Overbeck geschrieben hat. Die Briefstelle lautet: »ich habe ›an zuständiger Stelle‹ den Vorschlag gemacht, ein sorgfältiges

Verzeichnis der deutschen Gelehrten, Künstler, Schriftsteller, Schauspieler, Virtuosen von ganz- oder halb-jüdischer Abkunft herzustellen: das gäbe einen guten Beitrag zur Geschichte der deutschen Cultur …«

Was kann Nietzsche mit der Wendung, er habe seinen Vorschlag »an zuständiger Stelle« gemacht, wohl gemeint haben? Ich bin, wieder einmal und wie so oft, kein Fachmann. Gibt es für die mysteriös anmutenden drei Worte eine plausible Erklärung? Oder deuten sie, als Einsprengsel mitten im bedeutsamen Text, bereits auf den Zusammenbruch hin, der zwei Jahre später in Turin erfolgte? Ich muß Sie enttäuschen. Ich weiß es nicht.

Eines steht fest: Nietzsche hat die den Laien irritierende Wendung schon für Overbeck, den Empfänger des Briefs, durch Anführungszeichen eingegrenzt. Etwas anderes steht nicht minder fest: Sein Vorschlag, »ein sorgfältiges Verzeichnis der deutschen Gelehrten, Künstler, Schriftsteller, Schauspieler (und) Virtuosen von ganz- oder halb-jüdischer Herkunft herzustellen«, war im Jahre 1887 so vernünftig und unumgänglich wie, erst recht, heute. Und drittens: Ein gültigerer Wahl- und Wahrspruch für Ihre Ausstellung als der Satz, sie sei »ein guter Beitrag zur Geschichte der deutschen Cultur«, und eine bescheidenere Formulierung lassen sich so leicht nicht finden.

Als, ein knappes Halbjahrhundert später, die deutsche Literatur – ob nun jüdisch, halbjüdisch oder nicht – das Dritte Reich verließ, Freiheit suchend, Not erwartend und auf der Flucht vorm Ärgsten, – was blieb denn zurück? Eine Institution, die sich »Reichsschrifttumskammer« nannte und Mitgliedskarten und Preise an Leute verteilte, die schon damals keiner kannte.

Die Schriftsteller, so weit es ihnen gelang, waren

ausgewandert. Ich habe einmal gesagt, im Grunde seien sie gar nicht emigriert, denn ihr eigentliches Vaterland, die wirkliche Heimat hätten sie ja mitgenommen: ihre Muttersprache. Nur wer als Schriftsteller diese Muttersprache verlassen habe, sei ausgewandert.

Ich habe es gesagt, und etwas Wahres wird wohl daransein. Trotzdem klingt die Formulierung, mir selber zum Trotz, ein wenig leichtfertig und tönern. Denn was damals die Schriftsteller, abgesehen von ihrer an der Grenze unkonfiszierbaren Muttersprache, mitnahmen, war außer ein wenig Gepäck und ein wenig Hoffnung, *nichts*. Und von dem und, vor allem, von denen, die sie notgedrungen zurückließen, fanden sie nach 1945 nicht viel und, vor allem, nicht viele wieder.

*

Meine Damen und Herren, Sie werden von mir, will ich hoffen, nichts Systematisches und, wie man neuerdings häufig zu sagen pflegt, keinen »Kontext« zu dieser Ausstellung erwarten. Ein Museumsführer, der dafür, trotz des Katalogs, nötig wäre, bin ich leider nicht. So bleibt die Frage, warum und wozu ich mich zum Wort melde.

Selbstverständlich weiß ich, nachhinein, mancherlei vom abenteuerlichen, lebensgefährlichen Schicksal damals junger, heute alter Freunde und Kollegen. Ich kenne manche ihrer Bücher, die sie damals, trotz Not und Flucht, geschrieben haben. Ich bewundere ihren Mut zum Leben und zur Literatur. Ich bewundre beides neidlos und gestehe rundheraus, daß ich dessen – nämlich auf der Flucht weiterzukämpfen und weiterzuleben – wahrscheinlich nicht fähig gewesen wäre. Umso mehr begreife ich diejenigen, die sich, wie Hasenclever, Benjamin, Toller und Tucholsky, das Leben nahmen.

Da ich, obwohl sich mehrfach die Gelegenheit bot, *nicht* emigrierte, müßte ich mich nun aufs »Hörensagen« beschränken. Doch die Repetition und Interpretation dessen, was anderen Schriftstellern zustieß, sind nicht mein Geschäft. Dafür gibt es Berufenere. Stattdessen könnte und werde ich Ihnen von jemandem einiges erzählen, den die einschlägigen Behörden Adolf Hitlers für emigriert hielten, obwohl er nach wie vor, auch im Berliner Telefonbuch unverändert vermerkt, nicht weit vom Kurfürstendamm wohnte. Es handelte sich um eine Wohnung im Gartenhaus der Roscherstraße 16, nicht weit vom Bahnhof Charlottenburg. Und es handelt sich um *mich*.

Damit gerate ich ins Persönliche und Anekdotische. Was ich jetzt zu sagen habe, verliert angesichts des großen Themas beträchtlich an Gewicht. Doch was hilft's? Ich war mit den Freunden nicht in Nizza und nicht in Sanary. Ich floh mit ihnen nicht über Pyrenäen-Pässe. Ich brauchte kein Affidavit und verhalf keinem dazu. Ich saß und schrieb in »arischen« Cafés, die für »Juden«, und in »jüdischen« Cafés, die für »Arier« verboten waren.

Warum ließ man mich ungeschoren? Ich war ein Emigrant, ohne es zu sein und ohne darum zu wissen. Erst als mich die Geheime Staatspolizei im September 1934 in einer Berliner Bankfiliale verhaften und in die mit Recht gefürchtete Prinz Albrecht-Straße bringen ließ, erfuhr ich, daß ich emigriert sei, in Prag lebe und von dort aus, in deutschen Emigrantenzeitschriften, Hitler und seinen Faschismus angegriffen habe.

Daß ich nicht emigriert war, ließ sich durch gezielte Rückfragen beim Telefonamt, beim Hausmeister und beim Briefträger nachweisen. Ungeklärt blieb zunächst mein »staatsgefährdendes« Gedicht, das ich in Prag, wo ich seit 1933 nicht gewesen war, geschrieben haben sollte. Der Fall klärte sich auf. Das Gedicht stammte von mir. Die letzten zwei Strophen aber hatte ein der deutschen Sprache kundiger Autor *hinzu*gedichtet! Mein Kopf saß sehr locker.

Wieder hatte ich mehr Glück als Verstand: Nicht nur, daß ich mich während des Verhörs daran erinnerte, wann und wo das inkriminierte Gedicht erschienen war, – es *fand* sich im Archiv der Gestapo, Abteilung Presse, noch während der Vernehmung! Der Vergleich der zwei Gedichte rechtfertigte meine Behauptung. Ich erhielt meinen Paß zurück. Das Gitter öffnete sich. Ich war wieder frei.

Wer in Prag mein Gedicht, aus freien Stücken und ohne mich zu fragen, weitergedichtet hatte, weiß ich nicht, und ich will es nicht mehr wissen. Zu seinen Gunsten nehme ich an, daß er, der Emigrant, glaubte, auch ich sei emigriert.

Nur aus schierer Ordnungsliebe füge ich hinzu, daß ich 1937 noch einmal verhaftet wurde. Weswegen? Die Geheime Staatspolizei war umgezogen, und sie hatte ihr Archiv nun am Alexanderplatz etabliert. Es war die gleiche Anklage. Es war dieselbe Angst. Denn man hatte zwar das Verhaftungspapier von 1934 gefunden, nicht aber das Protokoll, worin der Verlauf und das Ergebnis der Vernehmung verbrieft worden waren! Trotzdem. Schließlich stand ich, entgittert, mit dem Paß im Jackett, nach stundenlangem Verhör durch drei bärenstarke Landsknechte, wieder auf dem Alexanderplatz und konnte aufatmen.

Mit mir und der Emigration ging es, wie Sie gehört haben, zwar nicht sehr gefährlich, aber immerhin etwas wunderlich zu. Und es blieb nicht dabei. Nachdem man mich zweimal als Emigranten verhaftet hatte, obwohl ich gar nicht emigriert war, gab es noch ein drittes Rencontre, und zwar kurz nach dem erwähnten zweiten. Das dritte Mal war nicht die Staatspolizei im Spiel, sondern die Reichsschrifttumskammer. Auch wurde ich nicht festgenommen, sondern eingeladen. Außerdem war nicht die Rede davon, daß ich ausgewandert sei, sondern der stellvertretende Präsident der Reichsschrifttumskammer, ein Dr. Wissmann, schlug mir die Emigration vor. Unter dieser Bedingung werde man auch mit sich reden lassen, meine Bücher, soweit sie nicht weiterhin bedenklich seien, wieder zum Verkauf zuzulassen. Was also wollte man eigentlich von mir? Ich sollte nach Zürich emigrieren und dort, reichlich dotiert, eine neue Zeitschrift herausgeben. Die Redaktion wäre nicht meine Sache. Meine Anwesenheit in der Schweiz und meine Herausgeberschaft würden genügen. Ich begriff das Ansinnen noch immer nicht ganz, bis Dr. Wissmann noch deutlicher wurde. Er könne sich, sagte er, nicht vorstellen, daß ich als »deutscher Mensch« mit den Büchern und Zeitschriften, die in der Emigration erschienen, einverstanden sei. Die geplante Zeitschrift gegen die Emigranten-Literatur werde ihre Wirkung tun. Die Reichsschrifttumskammer und das Propagandaministerium würden es daran nicht fehlen lassen, daß das Echo der Zeitschrift ihren Effekt hätte.

Es zeigte sich, daß die Reichsschrifttumskammer tatsächlich für möglich hielt, ich könne und wolle mich, materieller Vorteile zuliebe, für das hergeben, was sie vorhatten. Der Herr Wissmann wollte an der Bonität des Einfalls noch immer nicht zweifeln. Erst als ich ihm wieder und wieder vorhielt, daß die jüdischen und nichtjüdischen Emigranten eine mit meinem Namen gedeckte Zeitschrift dieser Art allenfalls für einen schlechten Witz halten würden – denn sie kennten mich länger und besser als er – gab er es auf, mir »im Namen des Volkes« zur Emigration zu verhelfen. Das war dann also meine dritte und letzte Emigration, die nicht stattgefunden hat.

*

Meine Damen und Herren,

ich komme zum Schluß. Während ich an der kleinen Ansprache schrieb, hatte ich zuweilen das ungute Gefühl, ich wiche vom Thema der Veranstaltung ab, dem ich doch gar nicht ausweichen wollte. Andererseits hatte es wohl auch einiges für sich, auf einige Wegmarken eines Schriftstellers hinzuweisen, der damals nicht auswandern mußte und es deshalb auch nicht wollte.

Das Trennende waren damals die Grenzen. Die Zugehörigkeit war nur äußerlich unterbrochen. Das Gemeinsame waren trotz der Trennung die Sprache, die Freiheitsliebe und der Gerechtigkeitssinn.

Obwohl ich symbolischen Anspielungen gegenüber im allgemeinen allergisch bin, scheint mir jetzt doch eine kleine und wahre Geschichte am Platze, der man ihren symbolischen Charakter zubilligen sollte: Als während des Dritten Reichs einem höheren Beamten, der mit einer Jüdin verheiratet war, von seinem Ministerium aus mitgeteilt wurde, man wolle ihn nicht verlieren, bestünde aber darauf, daß er sich von seiner Frau scheiden lasse, und als man ihm zusicherte, die Trennung werde keine Schwierigkeiten machen, wenn er das Scheidungsgesuch mit dem Terminus »unüberwindliche Abneigung« motiviere, gab er seiner Behörde die lapidare Antwort, er denke nicht daran, sich scheiden zu lassen, und zwar »aus unüberwindlicher Zuneigung«.

Von dieser unüberwindlichen Zuneigung, die von Herzen zu wünschen wäre, sind wir noch weit entfernt. Eine kleine Probe aufs Exempel sind das Bemühen und der Widerstand, die Universität in Düsseldorf zur »Heinrich Heine-Universität« zu ernennen. Einer der Wortführer der Ablehnung des Plans, der Universitätsrektor Alwin Diemer, hat diese Bemühung als »Scharlatanerie und Personenkult« bezeichnet.

Möge Ihre Ausstellung aufklärend zur Versöhnung beitragen! Die Prognose freilich, ob sich dieser Wunsch vieler, trotz dem Zutun vieler, bald erfüllen wird, – diese Prognose erinnert fatal an andere historische, aber auch meteorologische Wettervorhersagen. Sehen Sie mir, bitte, die Zweifel an unseren gemeinsamen Hoffnungen nach. Es waren nur Worte an einem Sonntag. Es war kein »Wort zum Sonntag«.

1970

WAHLANZEIGE

Erich Kästner:

Über die Schulen meiner Kindheit habe ich später einmal geschrieben:

„In jener Zeit sahen alle Schulen düster aus. Dunkelrot oder schwärzlichgrau, steif und unheimlich, wahrscheinlich waren sie von denselben Baumeistern gebaut, die auch die Kasernen gebaut hatten. Die Schulen sahen aus wie Kinderkasernen. Warum den Baumeistern keine fröhlicheren Schulen eingefallen waren, weiß ich nicht. Vielleicht sollten uns die Fassaden, Treppen und Korridore denselben Respekt einflößen wie der Rohrstock auf dem Katheder. Man wollte wohl schon die Kinder durch Furcht zu folgsamen Staatsbürgern erziehen. Durch Furcht und Angst, und das war freilich ganz verkehrt."

(Aus „Als ich ein kleiner Junge war", Erich Kästner, Gesammelte Werke, Band 4, Droemer Knaur Verlag.)

Die Methoden sind etwas verfeinert worden, aber ich fürchte, die Absicht ist die alte geblieben: folgsame Staatsbürger herzustellen, die voller Respekt vor der Obrigkeit bleiben, was sie sind. Einfacher Leute Kinder bringen es bis zum Volksschüler; „besserer" Leute Kinder werden Akademiker, und was dazwischenliegt, bleibt irgendwo dazwischen liegen. Alles schön ordentlich, in Reih und Glied, und bitte keine Unruhe auf den letzten Bänken!

Ich finde, es wird Zeit, daß eine Partei wie die CSU, die solch ein Schulsystem unterstützt, von den Eltern im Namen ihrer Kinder aus der Regierung hinausgewählt wird. Die Kirchtürme in Bayern sind beachtliche Sehenswürdigkeiten, aber als kulturpolitische Wach- und Kommandotürme denkbar ungeeignet.

Ich finde, es wird höchste Zeit, daß wir ein Schulsystem verwirklichen, das nicht das Interesse der Obrigkeit, sondern die Interessen der Kinder vertritt. Es wird also Zeit, daß das Schulprogramm der SPD verwirklicht wird.

Wer seine Kinder nicht nur mag, sondern verantwortungsvoll an ihre Zukunft denkt, der sollte gerade diesmal und gerade in Bayern die SPD wählen.

Erich Kästner

Über die Schulen meiner Kindheit habe ich später einmal geschrieben: »*In jener Zeit sahen alle Schulen düster aus. Dunkelrot oder schwärzlichgrau, steif und unheimlich, wahrscheinlich waren sie von denselben Baumeistern gebaut, die auch die Kasernen gebaut hatten. Die Schulen sahen aus wie Kinderkasernen. Warum den Baumeistern keine fröhlicheren Schulen eingefallen waren, weiß ich nicht. Vielleicht sollten uns die Fassaden, Treppen und Korridore denselben Respekt einflößen wie der Rohrstock auf dem Katheder. Man wollte wohl schon die Kinder durch Furcht zu folgsamen Staatsbürgern erziehen. Durch Furcht und Angst, und das war freilich ganz verkehrt.*«

(Aus »Als ich ein kleiner Junge war«, Erich Kästner, Gesammelte Werke, Band 4. Droemer Knaur Verlag.)

Die Methoden sind etwas verfeinert worden, aber ich fürchte, die Absicht ist die alte geblieben: folgsame Staatsbürger herzustellen, die voller Respekt vor der Obrigkeit bleiben, was sie sind. Einfacher Leute Kinder bringen es bis zum Volksschüler; »besserer« Leute Kinder werden Akademiker, und was dazwischenliegt, bleibt irgendwo dazwischen liegen. Alles schön ordentlich, in Reih und Glied, und bitte keine Unruhe auf den letzten Bänken!

Ich finde, es wird Zeit, daß eine Partei wie die CSU, die solch ein Schulsystem unterstützt, von den Eltern im Namen ihrer

Kinder aus der Regierung hinausgewählt wird. Die Kirchtürme in Bayern sind beachtliche Sehenswürdigkeiten, aber als kulturpolitische Wach- und Kommandotürme ungeeignet.

Ich finde, es wird höchste Zeit, daß wir ein Schulsystem verwirklichen, das nicht das Interesse der Obrigkeit, sondern die Interessen der Kinder vertritt. *Es wird also Zeit, daß das Schulprogramm der SPD verwirklicht wird.*

Wer seine Kinder nicht nur mag, sondern verantwortungsvoll an ihre Zukunft denkt, *der sollte gerade diesmal und gerade in Bayern die SPD wählen.*

1970

ES GIBT CHRONISCHE AKTUALITÄTEN

Nachwort des Herausgebers

Erich Kästner hat seine literarische Sozialisierung in den zwanziger Jahren des vergangenen Jahrhunderts erlebt. Was das bedeutete, ist ihm immer bewusst geblieben (*Soll man undankbar sein?*). Wolfgang Koeppen, nur wenige Jahre jünger, hat einmal auf die Frage, wo er leben wolle, geantwortet: »In jenem Berlin, das war, bevor Hitler kam«.[1] Beide Autoren sahen auch noch während der Adenauer-Jahre die Weimarer Republik als die freieste Republik auf deutschem Boden. Der junge Kästner, am Ende des Kaiserreichs 19 Jahre alt, hat damit auch die politische Partizipation in der Republik gelernt; wie sehr er sich als politischer Autor verstanden hat, zeigt sich nicht nur in seinen Gedichten, sondern auch in seiner Publizistik. Hier hat er sich schon während seines Studiums in Leipzig, von den ersten Texten an, auf Tagespolitik eingelassen; er hat nicht nur im Feuilleton der *Neuen Leipziger Zeitung*, sondern immer wieder auch Leitartikel im politischen Teil geschrieben, die nicht auf Haltbarkeit schielten. Franz Josef Görtz und Hans Sarkowicz haben

---

[1] Wolfgang Koeppen: Einer der schreibt. Gespräche und Interviews. Hg. von Hans-Ulrich Treichel. Frankfurt am Main 1995, S. 132.

einige dieser Artikel in den Publizistik-Band der kommentierten Kästner-Werkausgabe von 1998 aufgenommen, Klaus Schuhmann hat sie großenteils in seiner Sammlung *Der Karneval des Kaufmanns* (2004) veröffentlicht. Einer der nicht in diesen Sammelausgaben nachgedruckten Leitartikel zeigt, dass es auch in dieser Gattung immer wieder Themen gibt, die für Kästners Literatur wichtig sind: *Diskrete Leiden*, zum Gesetz gegen Geschlechtskrankheiten, lässt sich entnehmen, wie genau er sich auch mit der Soziologie der Sexualität beschäftigt hat – die wiederum einen Teil des Skandalons von Kästners Roman *Fabian* bzw. *Der Gang vor die Hunde* (1931/2013) ausgemacht hat.

An den frühen feuilletonistischen Beiträgen fällt auf, dass sie oft narrativ sind: Kästner erzählt kleine Geschichten, ganz ohne ins Moralisieren und Didaktisieren zu kommen, manchmal unter Verwendung des sächsischen Dialekts – das Lesepublikum soll selbst Schlussfolgerungen ziehen (*Drama in Sachsen*, *Kind und Krieg*). Dass er zu einem der meistgehassten Autoren der nationalsozialistischen Bewegung wurde, lag freilich nicht an solchen übermütigen *Simplicissimus*-Beiträgen, sondern an Gedichten wie *Das Führerproblem, genetisch betrachtet* (1931), *Das ohnmächtige Zwiegespräch* (1932) und vor allem *Die andre Möglichkeit* (*Wenn wir den Krieg gewonnen hätten ...*, 1929). Alfred Andersch, nach dem Krieg kurzzeitig Kästners Assistent bei der *Neuen Zeitung*, meinte, diese Gedichte hätten »dem Militarismus mehr Schaden zugefügt als alle humanistisch-professoralen Essays [...] zusammengenommen«.[2] Freilich konnte Kästner das Hitler-Regime so wenig aufhalten wie Heinrich Mann,

---

2 Alfred Andersch: Fabian wird positiv. In: Das Alfred Andersch Lesebuch. Hg. von Gerd Haffmans. Zürich 1979, S. 135–137, hier S. 135.

Carl von Ossietzky, Kurt Tucholsky, Gabriele Tergit und viele, viele andere.

Nachdem er sich entschlossen hatte, auch in der Diktatur in Deutschland zu bleiben, musste er Kompromisse eingehen, um weiterhin Einnahmen aus schriftstellerischer Tätigkeit zu haben; er war zwar durch die hohen Auflagen seiner Kinderbücher im In- und Ausland relativ wohlhabend, einen Rückzug auf unbestimmte Zeit wollte er aber offensichtlich auch nicht riskieren. Als »verbrannter Autor« mit Verkaufsverbot konnte er nur einen Teil seines Repertoires weiterverwenden; er schrieb Unterhaltungsromane, harmlose Erzählungen,[3] Alltagsbeobachtungen und -grotesken,[4] mit Freundinnen und Freunden zusammen Boulevardkomödien. Anfang der vierziger Jahre folgten zwei Filmdrehbücher unter sehr spezifischen Bedingungen, darunter immerhin der umstrittene *Münchhausen*-Film mit Hans Albers (1943), ohne Nennung des Drehbuchautors und mit anschließendem Totalverbot. Politische Feuilletons finden sich naturgemäß in dieser Zeit nicht, dementsprechend enthält auch dieser Band keinen Text aus dem »Tausendjährigen Reich«.

Kästner sprach auch nach dem Krieg nicht über seine Kompromisse, wohl aber über seine Selbstbefragung, über seine mit den Jahren zunehmenden Zweifel, ob er sich richtig entschieden hatte, 1933 im Land zu bleiben. Noch in seiner letzten Rede thematisierte er Fragen an den vergangenen Selbstentwurf, verglich ihn mit dem seiner Freunde, wie etwa Hermann Kesten, der in Sanary-sur-Mer, Nizza und

---

3 Vgl. die Auswahl in Erich Kästner: Der Herr aus Glas. Erzählungen. Zürich 2015.
4 Erich Kästner: Das kleine Fahrrad, das umfiel, in: *Simplicissimus*, Jg. 44 (1939), H. 19, S. 218; oder E. K.: Ein Hemd will heraus, in: *Simplicissimus*, Jg. 44 (1939), H. 23, S. 266.

schließlich seit 1940 in New York lebte. Kästners Entscheidung ist aus der Distanz einiger Jahrzehnte immer wieder befragt und kritisiert worden, wenn auch nicht von seinen Zeitgenossen, ob sie nun emigriert waren wie Kesten oder Carl Zuckmayer[5] oder ob sie ein ähnlich verschlungenproblematisches Leben im Untergrund der Diktatur gehabt hatten wie Wolfgang Koeppen. Der hatte sich über einen Artikel des Kritikers Fritz J. Raddatz geärgert – da werde »Kästner z. B. übelgenommen, daß er im Dritten Reich irgendwo Sekt getrunken habe. Ich, der ich die Situation kenne, muß sagen: Gott sei Dank, Kästner hat mal Sekt getrunken. Er kam noch dazu. Wenn er irgend etwas anderes getan hätte, dann hätten wir Kästner nicht bei Kriegsende noch lebend gehabt. [...] Er hat einen ungeheuren Mut gehabt. Einfach dazubleiben – das war sein Mut.«[6]

Aber das Leben unter dem NS-Regime hat Kästner verändert, und es hat seine Arbeiten verändert. Die manchmal übermütigen Volten und Scherze der Arbeiten in der Weimarer Republik standen ihm kaum noch zur Verfügung. Und auch das Treffen mit Männe Kratz, einem KZ-Überlebenden, der ihm im Juli 1945 detailliert die Abläufe des Massenmords in Auschwitz erzählte,[7] scheint ihn verändert zu haben; er erkannte zunehmend die Dimension des Holo-

---

5 Vgl. Carl Zuckmayer: Geheimreport. Hg. von Gunther Nickel und Johanna Schrön. Göttingen 2002, S. 104 f.
6 Koeppen (Anm. 1), S. 177. – Fritz J. Raddatz: Wir werden weiterdichten, wenn alles in Scherben fällt ... Der Beginn der deutschen Nachkriegsliteratur, in: *Die Zeit*, 12.10.1979.
7 Vgl. Erich Kästner: Das Blaue Buch. Geheimes Kriegstagebuch 1941–1945. Hg. von Sven Hanuschek in Zusammenarbeit mit Ulrich von Bülow und Silke Becker. Aus der Gabelsberger'schen Kurzschrift übertragen von Herbert Tauer. Zürich 2018, S. 231–236.

caust. Auch die Art seines politischen Engagements veränderte sich: Direkt nach dem Krieg, nun wieder als Journalist, als Feuilletonchef der *Neuen Zeitung*, versuchte er wenige Jahre lang, die Diktatur und ihre Verbrechen seinem deutschen Lesepublikum zu beschreiben und zu analysieren, umgekehrt auch die Gefühle derer, die im Land gelebt hatten und sich ihrerseits als Opfer der Diktatur fühlten, den amerikanischen Besatzern deutlich zu machen.

Seine politischen Feuilletons, auch einige der späteren Reden, behalten oft den narrativen Zugriff, immer noch erzählt Kästner Geschichten, geht ins Anekdotische. Das kann besonders eindringlich und sprechend sein, über einige der Texte ließe sich aber diskutieren, ob der Erzählton angemessen ist: Wie soll man über die Nürnberger Prozesse, wie über den Holocaust sprechen? Lässt sich so kurz nach den Ereignissen selbst eine Haltung als Volksaufklärer finden, als jemand, der im Land geblieben ist, lassen sich diese Verbrechen überhaupt verstehen? Es muss ihm klar gewesen sein, dass seine Eindrücke vorläufig sein würden, eben doch journalistisch, dass sich einiges nicht direkt würde ansprechen lassen. Auf der Suche nach dem Angemessenen mögen diese erzählerischen Volten zustande gekommen sein, etwas wie das permanente, metaphorische und dennoch fast harmlose »Es ist Nacht« angesichts des ersten Dokumentarfilms über die Vernichtungslager (*Wert und Unwert des Menschen*). Dafür erwähnt er Auschwitz und die Lampen aus Menschenhaut durchaus ganz direkt in einem genuin feuilletonistischen Zusammenhang, im Bericht über eine Kunstausstellung (*Die Augsburger Diagnose*). Und es gibt immer wieder sehr hellsichtige Beobachtungen, Kritik an den neuen und alten Totalitarismen in Ost und West; er kannte seine deutschen Pappenheimer schon sehr gut (*Verregnete*

Sonntagvormittage). Im Unterschied zu den Weimarer Jahren schrieb er nicht nur, er ging auch auf die Straße, hielt Reden, protestierte, wenn es ihm möglich war (*An die Studenten, Die vorgesehene Volksbefragung, Ostermarsch 1961, Gegen den Krieg in Vietnam*). Das Bild vom Schneeball, der keine Lawine werden darf, die Erinnerung an Ovids Satz »Bekämpfe den Beginn!«, sie fallen ihm wiederholt ein in den fünfziger und sechziger Jahren.

Im Vorwort zu der Sammlung eines Satiriker-Kollegen schrieb Kästner, der »Hauptgegenstand jeder Satire« sei der »Nationalcharakter«: »An Anschauungsunterricht hatte es im Dritten Reich nicht gefehlt [...]. Dieses Volk vertrug die Siege nicht und verstand nicht zu verlieren. Der deutsche Mut begann erst bei Regimentsstärke. Zivilcourage war und blieb ein Fremdwort. Und nun, nach 1945, schob wieder jeder die Schuld auf den anderen. Bald Brutalität, bald Servilität, in der Mitte Europas das Land ohne Mitte. Und jetzt, zum zweiten Mal, eine oktroyierte Demokratie? Zu Optimismus bestand kein Anlaß. Es gibt chronische Aktualitäten. Wachsamkeit war geboten.«[8]

Kästners eigene politische Beiträge beschränken sich nicht auf den deutschen »Nationalcharakter«, aber er steht schon deutlich im Fokus. Der vorliegende Band soll das große Spektrum seiner einschlägigen Arbeiten zeigen, von den Arbeiten des jungen Journalisten in Leipzig, seinen Leitartikeln, Feuilletons, Glossen, skurrilen Kurz-Erzählungen; es zeigt sich, wie sehr auch seine Film- und Theaterkritiken ohne dezidiert politische Aspekte und Ansagen nicht auskommen (*Rheinisches Allerlei*). Ganz unbekannt sind seine

---

8 Erich Kästner: Vorwort. In: Martin Mohrlock: Regeln für Spielverderber. München und Bern 1967, S. 5–7, hier S. 7.

Arbeiten, die mit Text-Bild-Beziehungen arbeiten (*Reichstags-Rommé*, die beiden Fotokommentare *Scharf eingestellt*). Noch seine Reisefeuilletons kommen erst durch dezidiert politische Stoffe und Beobachtungen zustande (*Fort Douaumont, zwölf Jahre später*). Der Band muss einige der bekanntesten Reden und Feuilletons zeigen, hinzukommen aber viele unbekannte, zum Teil sogar noch ungedruckte; viele, die es nicht über die erste Zeitungs-, Zeitschriftenveröffentlichung hinausgebracht haben. Die Gründe sind vielfältig; die frühen Texte mögen verschollen gewesen sein, nachdem seine Berliner Wohnung in der Roscherstraße nach einem Bombenangriff abgebrannt war, einige Arbeiten hatten sich für ihn im Anlass für den Tag erschöpft oder schienen zu kurz für eine (erneute) Veröffentlichung, da war ihm die Geste, die Teilnahme selbst wichtiger gewesen als der Umfang.

Resignation ist kein Gesichtspunkt bietet nun die Gelegenheit, Kästners formales Repertoire und sein Engagement auf dem politischen Feld von heute aus zu betrachten. Bei aller unbezweifelbaren Historizität der Texte verhandelt er doch immer wieder Themen, die uns auch heute bewegen – Fragen von Satire und Zensur, Populismus und ansteigendem Nationalismus, Krieg, Aufrüstung und Vergessen; Fragen des Interpretieren- und Lesen-Könnens, das man sich erarbeiten kann (oder eben nicht).

ANHANG

EDITORISCHE NOTIZ

Erich Kästner gilt ohne Zweifel als politischer Autor, wenn sein Status auf diesem Feld auch immer umstritten gewesen ist – je nach Jahrzehnt aus recht unterschiedlichen Gründen. Er hat zuerst als gelernter Journalist, Theaterkritiker und Literaturwissenschaftler gearbeitet; sein publizistisches Werk ist unüberschaubar und dürfte schon vor 1933 mehrere tausend Artikel ausmachen. Zudem hat er in Zeitungen und Zeitschriften auch unter Pseudonymen und Kürzeln publiziert, es tauchen bis heute noch weitere Artikel auf, die aller Wahrscheinlichkeit Kästner zuzuschreiben sind. Seine politischen Reden sind dagegen seltener und fanden erst nach 1945 statt, auch hier ist das Spektrum aber erheblich.

Der vorliegende Band soll eine Orientierung über das Repertoire von Kästners politischen Schriften ermöglichen; es handelt sich um eine Auswahl von 43 Texten in chronologischer Folge quer durch die verwendeten Formen, darunter auch einige der zu Recht berühmtesten Texte (wie etwa die Rede *Über das Verbrennen von Büchern*). Zwölf der Beiträge sind nach der ersten Zeitungs- oder Zeitschriftenveröffentlichung nicht mehr nachgedruckt worden, fünf der hier aufgenommenen Reden waren bislang unveröffentlicht; beides wird im Kommentar zu den einzelnen Texten vermerkt. Es handelt sich um eine Leseausgabe; der Kommentar sollte sparsam bleiben. Den essayistischen Gattungen, die alles andere als voraussetzungslos sind, ist es geschuldet, dass hin und wieder etwas umfangreichere Erläuterungen aufgenommen wurden.

Als Druckvorlage wurde, so weit möglich, die Ausgabe letzter Hand verwendet, Kästners *Gesammelte Schriften für Erwachsene*; die acht Bände der leinenkaschierten Ausgabe von 1969 ist die letzte, für die er an einigen Texten noch selbst Korrekturen vorgenommen hat. Einige der frühen Texte folgen Klaus Schuhmanns Sammlung der Leipziger Feuilletons, *Der Karneval des Kaufmanns* (2004), oder eben den Erstdrucken; die Druckvorlagen sind im Kommentar mit der Sigle DV angegeben.

Offensichtliche Druckfehler sind stillschweigend korrigiert worden, stilistische und sprachliche Eigenheiten des Autors selbstverständlich nicht; alle Hervorhebungen (Sperrungen, Kursivierungen, Unterstreichungen) wurden konsequent als *Kursive* umgesetzt. Die Ausgabe folgt der jeweiligen Rechtschreibkonvention Erich Kästners, insofern unterscheidet sich ein ediertes Typoskript von einem bereits veröffentlichten Text; als professioneller Journalist hat Kästner offensichtlich auch das Redigieren seiner Arbeiten durch Kollegen toleriert.

SIGLEN

BL   Jan-Pieter Barbian: Literaturpolitik im NS-Staat. Von der »Gleichschaltung« bis zum Ruin. Frankfurt am Main 2010.
DLA   Deutsches Literaturarchiv
DV   Druckvorlage
ED   Erstdruck
GG   Erich Kästner: Gemischte Gefühle. Literarische Publizistik aus der »Neuen Leipziger Zeitung« 1923–1933. Hg. von Alfred Klein. 2 Bde., Berlin, Weimar 1989.
GSE   Erich Kästner: Gesammelte Schriften für Erwachsene. 8 Bde., München, Zürich 1969 [Ausgabe letzter Hand].
       VII: Vermischte Beiträge II
       VIII: Vermischte Beiträge III
KDK   Erich Kästner: Der Karneval des Kaufmanns. Gesammelte Texte aus der Leipziger Zeit 1923–1927. Hg. von Klaus Schuhmann. Leipzig 2004.
KP   Ernst Klee: Das Personenlexikon zum Dritten Reich. Wer war was vor und nach 1945. Frankfurt am Main ^{5}2015.
ND   Nachdruck
W   Erich Kästner: Werke. Hg. von Franz Josef Görtz. 9 Bde., München, Wien 1998.
       I: Zeitgenossen, haufenweise. Gedichte. Hg. von Harald Hartung in Zusammenarbeit mit Nicola Brinkmann.
       II: Wir sind so frei. Chanson, Kabarett, Kleine Prosa. Hg. von Hermann Kurzke in Zusammenarbeit mit Lena Kurzke.
       VI: Splitter und Balken. Publizistik. Hg. von Hans Sarkowicz und Franz Josef Görtz in Zusammenarbeit mit Anja Johann.
Z   Johan Zonneveld: Bibliographie Erich Kästner. Mit einer ausführlichen Zeittafel und zahlreichen Fotos von Stationen seines Lebens und den literarischen Schauplätzen. Band I: Primärliteratur und Zeittafel. Bielefeld 2011.

DRUCKNACHWEISE UND KOMMENTAR

DRAMA IN SACHSEN

ED (»E.K.«) in: *Simplicissimus*, Jg. 29, Nr. 34, 15.11.1924, S. 457; kein ND.
S. 7 *Rosenthal ... Schweizerhaus* – Das Schweizerhäuschen war im 19. Jahrhundert eine bekannte Konditorei mit Kaffeehaus und Musikpavillon im Leipziger Rosental-Park.

DER STAAT ALS GOUVERNANTE

ED (»E.K.«) in: *Neue Leipziger Zeitung*, Jg. 6, Nr. 135, 17.5.1926, S. 1 f. (Leitartikel).
DV: KDK, S. 244–247.
S. 9 *ein russischer Film* – Sergej Eisensteins Stummfilmklassiker *Panzerkreuzer Potemkin* (1925) wurde nach mehreren Bearbeitungsstufen, regionalen und überregionalen Verboten für den deutschen Markt erst am 2.10.1926 freigegeben, weiterhin durch Auflagen des Reichswehrministeriums stark verkürzt.
das Kabinett Luther – Das zweite Kabinett des parteilosen Reichskanzlers Hans Luther war am 12.5.1926 durch ein parlamentarisches Misstrauensvotum gestürzt worden.
Comédie Française ... ein Drama – *La Carcasse* (1923) von André Obey und Denis Amiel; Kurt Tucholsky (»Ignaz Wrobel«) hat am 4.5.1926 ausführlich in der *Weltbühne* über den Skandal geschrieben, vgl.: Der General in der Comédie. In: Kurt Tucholsky: Gesamtausgabe. Band 8: Texte 1926. Hg. von Gisela Enzmann-Kraiker, Christa Wetzel. Reinbek bei Hamburg 2004, S. 249–254.
S. 10 *Unamuno und Ibanez* – Der spanische Philosoph und Schriftsteller Miguel de Unamuno (1864–1936) ging während der Militärdiktatur

Miguel Primo de Riveras (1923–1930) ins französische Exil; auch der Schriftsteller und zeitweilige republikanische Politiker Vicente Blasco Ibáñez (1867–1928) war mehrfach im Exil, in Argentinien und in Frankreich, wo er auch starb.
Dayton – Im Scopes-Prozess, dem sogenannten Affenprozess, wurde 1925 der Biologielehrer John T. Scopes in Dayton/Tennessee von Evangelikalen angeklagt, weil er Darwins Evolutionstheorie unterrichtet hatte, die bekanntlich von der biblischen Schöpfungslehre abweicht. Unter großer öffentlicher Beachtung wurde Scopes zu 100 Dollar Strafe verurteilt, in der höheren Instanz allerdings freigesprochen.
Zuckmayer ... Gärtner – Der Dramatiker Carl Zuckmayer hatte immer wieder Proteste und Verbote seines Lustspiels *Der fröhliche Weinberg* (1925) erleben müssen, vor allem wegen der karikaturistischen Darstellung eines Korpsstudenten. – Der Zeichner Heinrich Zille wurde 1925 zur Zahlung von 150 Reichsmark und der Vernichtung der Druckplatte seiner Zeichnung *Modellpause* verurteilt, die er im *Simplicissimus* veröffentlicht hatte – acht nackte Modelle, die sich im Atelier unterhalten. – Der Schauspieler Josef Gärtner wurde 1925 wegen Hochverrats zu einer Gefängnisstrafe und 100 Reichsmark verurteilt, weil er auf einer Gedenkfeier zum Jahrestag der russischen Revolution Texte revolutionärer Schriftsteller vorgelesen hatte (vgl. den Kommentar in W VI, S. 730, und Ludwig Hoffmann, Daniel Hoffmann-Ostwald: Deutsches Arbeitertheater 1918–1933. Berlin 1972, S. 144–149).

DIKTATUR VON GESTERN

ED in: *Neue Leipziger Zeitung*, Jg. 6, Nr. 233, 24.8.1926, S. 1.
DV: KDK, S. 265–267.
S. 14 *Mussolini, Primo de Rivera, Pilsudski, Pangalos* – Benito Mussolini (1883–1945) war seit 1922 Diktator in Italien, Miguel Primo de Rivera y Orbaneja (1870–1930) seit 1923 in Spanien, Józef Piłsudski (1867–1935) seit 1926 in Polen und Theodoros Pangalos (1878–1952) seit 1925 in Griechenland, der letztere wurde nach einem Jahr wieder abgesetzt.

FRIEDENSGAS

ED (»E. K.«) in: *Neue Leipziger Zeitung*, Jg. 6, Nr. 291, 21.10.1926, S. 2.
DV: KDK, S. 282 f.

S. 19 *Gaskrieg ... kodifizieren* – Das Genfer Gaskriegsprotokoll (1925) hat allerdings den Ersteinsatz von Gas geächtet; nicht aber die Produktion von Kampfgasen und biologischen Waffen.

DIE HENKER ALS OPFER

ED (»E.K.«) in: *Neue Leipziger Zeitung*, Jg. 6, Nr. 305, 4.11.1926, S. 15. DV: KDK, S. 285–287.

S. 20 *Buchrucker ... Gorgast* – Bruno Ernst Buchrucker (1878–1966) war als Offizier der illegalen Schwarzen Reichswehr Anführer des gescheiterten Küstriner Putsches 1923, die Festung Gorgast bei Küstrin sollte einbezogen werden. Der Putsch wurde niedergeschlagen, vierzehn Angehörige der Schwarzen Reichswehr wurden zu Gefängnisstrafen verurteilt (und vor Ablauf ihrer Haftzeiten begnadigt).
S. 21 *Richard Büsching* – ebenso wie die später genannten Schiburr, Graetz, Fahlbusch, Vogel und Leutnant Paul Schulz als Anführer nach Buchrucker waren Beteiligte an den Fememorden, bei denen andere Mitglieder der Schwarzen Reichswehr umgebracht wurden. Die Täter befürchteten, sie könnten denunziert werden; sie wurden nicht alle vor Gericht gestellt, auch ihre Strafen blieben niedrig.
Franktireurgefecht – *Franc-tireurs* (frz., »Freischützen«) waren französische und belgische Partisanen.
S. 22 *Baltikum ... Oberschlesien* – Im lettischen Unabhängigkeitskrieg 1919 kämpften deutsche Truppen (aus entlassenen Soldaten, Freikorps-Leuten, auch geflohenen Kriminellen) gegen die sowjetischen Truppen; in den polnischen Aufständen in Oberschlesien (1919–1921) waren ebenfalls Soldaten der Schwarzen Reichswehr und Mitglieder der Freikorps an Kämpfen gegen die Aufständischen beteiligt.

DISKRETE LEIDEN

ED (»E.K.«) in: *Neue Leipziger Zeitung*, Jg. 7, Nr. 68, 10.3.1927, S. 1 f. (Leitartikel); kein ND.
S. 24 *Reichsgesetz, das kürzlich angenommen wurde* – Das hier von Kästner vorgestellte und kommentierte Gesetz wurde am 18.2.1927 erlassen und trat in der Tat am 1.10.1927 in Kraft; es galt bis 1953.

RHEINISCHES ALLERLEI UND DIE »RIVALEN«

ED (»–er.«) in: *Danziger Volksstimme. Organ für die werktätige Bevölkerung der Freien Stadt Danzig. Film-Schau. Beilage der Danziger Volksstimme*, Jg. 18, Nr. 191, 17.8.1927, S. 7; kein ND. Hinweis auf Kästners wahrscheinliche Autorschaft von Stephan Berelsmann.
S. 28 *gleich in drei Filmen* – Die drei Stummfilme sind: *Ein rheinisches Mädchen beim rheinischen Wein* (Deutschland 1927, Regie: Johannes Guter); *Die Lindenwirtin am Rhein* (Deutschland 1927, Regie: Rolf Randolf); *Mein Heidelberg, ich kann dich nie vergessen* (Deutschland 1927, Regie: James Bauer).
S. 29 *Domela-Atmosphäre* – Harry Domela (1904–1979) war ein zeitweise erfolgreicher Hochstapler und Autor, der sich als Hohenzollern-Prinz ausgegeben hatte; seine Autobiografie *Der falsche Prinz. Mein Leben und meine Abenteuer* war 1927 im Malik-Verlag erschienen.
»Der Himmel auf Erden« mit Reinhold Schünzel – Kästner hatte 1927 bei dem Schauspieler und Filmproduzenten Schünzel (1888–1954) hospitieren können und ihm auch eigene Filmstoffe vorgeschlagen; das genannte Lustspiel (Deutschland 1927, Regie: Alfred Schirokauer und Reinhold Schünzel; u.a. mit Schünzel, Otto Wallburg, Adele Sandrock) macht sich über einen Abgeordneten lustig, der sich als Tugendbold und Sittenwächter geriert, ohne selbst gegen Versuchungen gefeit zu sein.
»Rivalen« – Stummfilm mit Victor McLaglen, Edmund Lowe und Dolores del Rio (*What Price Glory?*, USA 1926, Regie: Raoul Walsh). John Ford hat 1952 ein Tonfilm-Remake mit James Cagney gedreht. Kästner hat *Rivalen* auch in der Neuen Leipziger Zeitung rezensiert (25.8.1927, in GG I, S. 315 f.).

WANN WAR DER LETZTE KRIEG? DIE VERGESSLICHKEIT IN PROZENTEN AUSGEDRÜCKT.

ED: *Neue Leipziger Zeitung*, Jg. 9, Nr. 96, 6.4.1929, S. 6.
DV: GG I, S. 160 f.
S. 31 *lyrische Anthologie* – nicht identifiziert.
S. 32 *Remarques »Im Westen nichts Neues«* – Erich Maria Remarques Antikriegsroman erschien 1928; weltweit erfolgreich auch durch den Kinofilm (USA 1930, Regie: Lewis Milestone).

FORT DOUAUMONT. ZWÖLF JAHRE SPÄTER

ED in: *Neue Leipziger Zeitung*, Jg. 9, Nr. 153, 2.6.1929, S. 5.
DV: GG II, S. 321–325.
S. 33 *Fort Douaumont* – Das Fort bei Verdun wurde am 25.2.1916 von deutschen Truppen eingenommen und in den Folgemonaten unter großen Verlusten auf beiden Seiten von den französischen Truppen zurückerobert (24.10.1916).
S. 34 *Sappen* – Gräben, die gegen den Feind vorgetrieben wurden.
spanische Reiter – Barrieren aus mannshohen Stacheldrahtverhauen.
S. 36 *»Tranchée des bajonettes«* – Es handelt sich um eine Legende; die Bajonette wurden von den Überlebenden des Bataillons neben die Gefallenen gelegt, der Graben wahrscheinlich von deutschen Soldaten zugeschüttet. Der amerikanische Geschäftsmann George T. Rand stiftete die Betonplatte über dem Graben.
Zuavenregimenter – französische Elite-Infanterietruppen, die aus nordafrikanischen (ursprünglich algerischen) Soldaten rekrutiert wurden.
S. 37 *Fred Hildenbrandt* – Kritiker, Journalist und Schriftsteller (1892–1963), von 1922 bis 1932 Feuilletonchef des *Berliner Tageblatts*.

KIND UND KRIEG

ED (»E. K.«) in: *Simplicissimus*, 34. Jg. Nr. 22, 26.8.1929, S. 269; kein ND.
S. 39 *Sohn eines pazifistischen Schriftstellers* – nicht identifiziert.
Im Westen nichts Neues – vgl. Kommentar zu S. 32.
Kriegsfront der Frauen – Roman von A. Artur Kuhnert (1905–1958), 1929 bei Reclam in Leipzig erschienen; Kuhnert war zusammen mit Martin Raschke Herausgeber der Dresdner Literaturzeitschrift *Die Kolonne*.

REICHSTAGS-ROMMÉ. JEDER SEIN EIGENER DIKTATOR

ED in: *Uhu*, Jg. 7, H. 3, Dezember 1930, S. 49–56, 108; kein ND.
Martin Koser (1903–1971) war als Pressezeichner und Karikaturist in der Weimarer Republik für den *Uhu*, den *Ulk* und die *Berliner Illustrirte Zeitung* tätig; von 1935 an illustrierte er mit seiner Frau Ruth Koser-Michaëls Märchenbücher, Kinderliteratur und Schulbücher, die z. T. in sehr hohen Auflagen erschienen sind.
Die abgebildeten Politiker und Parteien sind durchweg die tatsächlichen der Zeit (natürlich bis auf den Joker sowie Kuh und Huhn der

Splitterpartei). Die Karten waren so gedruckt, dass sie ausgeschnitten und benutzt werden konnten; auf den Rückseiten waren Auszüge der jeweiligen Parteiprogramme zu lesen.

STREIFLICHTER AUS NÜRNBERG

ED in: *Die Neue Zeitung*, Jg. 1, Nr. 11, 23.11.1945, Feuilleton- und Kunstbeilage.
DV: GSE VIII, S. 26–33.
S. 48 *Prozesses gegen die Kriegsverbrecher* – Der »Nürnberger Prozess gegen die Hauptkriegsverbrecher« wurde als erster der dreizehn Nürnberger Prozesse durch ein internationales Militärtribunal vom 20.11.1945 bis zum 1.10.1946 gegen 24 Angeklagte geführt; zwölf wurden zum Tode verurteilt, sieben zu Freiheitsstrafen. Drei wurden freigesprochen, zwei Verfahren wurden eingestellt (wegen Krankheit und Selbstmord der Angeklagten). In Kästners Aufzählung der Angeklagten fehlt Albert Speer (1905-1981), der NS-Architekt und »Reichsminister für Bewaffnung und Munition« (Hinweis von Ulrike Leuschner). In diesem Text wird an einer Stelle das N-Wort verwendet, das zu Kästners Zeiten üblich war und damals nicht auf breiter Ebene problematisiert wurde. Da wir uns verpflichtet sehen, die Historizität in diesem Werk zu erhalten, wurde der Text originalgetreu abgedruckt.
S. 49 *Oberrichter Jackson* – Robert H. Jackson (1892–1954) war nicht unter den Richtern, sondern der amerikanische Hauptankläger; 1940–1941 Justizminister der USA, seitdem Richter am Supreme Court, der ihn für seine Tätigkeit in den Nürnberger Prozessen beurlaubte.
Ley – Robert Ley (1867–1945), Führer der »Deutschen Arbeitsfront«, die nach der Zerschlagung der Gewerkschaften an deren Stelle getreten war; Selbstmord in der Nürnberger Haft.
Krupp – Gustav Krupp von Bohlen und Halbach (1870–1950), »Wehrwirtschaftsführer«, seit 1909 Leiter der Friedrich Krupp AG, der »Waffenschmiede des Reiches«. Vorsitzender des »Reichsverbands der Deutschen Industrie« und Förderer der »Rassenhygiene« (KP, S. 346). Sein Verfahren in Nürnberg wurde nach dem Gutachten einer internationalen Ärztekommission wegen Verhandlungsunfähigkeit eingestellt.
Kaltenbrunner – Ernst Kaltenbrunner (1903–1946), Chef des Reichssicherheitshauptamtes (RSHA), Chef der Sicherheitspolizei und des SD; SS-Obergruppenführer, General der Polizei und der Waffen-SS, vor allem wegen der Rolle des RSHA im Holocaust zum Tode verurteilt und hingerichtet.

S. 49 *Martin Bormann* – (1900–1945), Leiter der NS-Parteikanzlei, seit 1942 de facto Stellvertreter Hitlers (KP, S. 65). Suizid am 2.5.1945 in Berlin, das Skelett wurde erst 1972 bei Erdarbeiten gefunden und identifiziert.

S. 51 *Polizisten der ISD* – Hans Sarkowicz und Franz Josef Görtz machen darauf aufmerksam, dass die Information Service Division erst seit 1948 existierte; vermutlich eine Verwechslung mit der CID, der amerikanischen Civil Investigation Division (W VI, S. 872 f.).

S. 52 *Göring* – Hermann Göring (1893–1946), als Oberbefehlshaber der Luftwaffe und »Reichsmarschall« einer der Initiatoren der »Gesamtlösung der Judenfrage« (KP, S. 190). Nach dem Todesurteil in Nürnberg Suizid in der Zelle.

Rudolf Heß – (1894–1987), Reichsminister ohne Geschäftsbereich, Stellvertreter Hitlers bis 1941, als er mit einem Jagdflugzeug nach England flog, um auf eigene Faust einen Separatfrieden auszuhandeln. In Großbritannien interniert, im Nürnberger Prozess zu lebenslanger Haft verurteilt, Suizid im Spandauer Gefängnis.

S. 53 *Joachim von Ribbentrop* – (1893–1946), seit 1938 Reichsaußenminister; zum Tode verurteilt und hingerichtet.

Keitel – Wilhelm Keitel (1882–1946), seit 1938 Chef des Oberkommandos der Wehrmacht; wegen der Kriegsverbrechen der Wehrmacht zum Tode verurteilt und hingerichtet.

Alfred Rosenberg – (1893–1946), Herausgeber des *Völkischen Beobachters*, als Autor von *Der Mythus des 20. Jahrhunderts* (1930) Chefideologe der NSDAP, seit 1941. »Reichsminister für die besetzten Ostgebiete« (KP, S. 508). Zum Tode verurteilt und hingerichtet.

Hans Frank – (1900–1946), »Reichsrechtführer«, seit 1939 Generalgouverneur im besetzten Polen; zum Tode verurteilt und hingerichtet.

Wilhelm Frick – (1877–1946), 1933 Reichsinnenminister, 1943 Reichsprotektor für Böhmen und Mähren. Zum Tode verurteilt und hingerichtet.

Julius Streicher – (1885–1946), 1923 Gründer und bis 1945 Schriftleiter des Hetzblattes *Der Stürmer*, Gauleiter von Franken. Zum Tode verurteilt und hingerichtet.

Walter Funk – Walther Funk (1890–1960), Reichswirtschaftsminister, u.a. zuständig für die »Arisierung und Ausbeutung der besetzten Gebiete, [...] Vereinnahmung der Wertsachen der ermordeten Juden« (KP, S. 172). Zu lebenslanger Haft verurteilt, 1957 krankheitshalber entlassen.

S. 53 *Dönitz* – Karl Dönitz (1891–1980), Großadmiral und durch Hitlers

Testament 1945 Reichspräsident und Oberbefehlshaber der Wehrmacht. Zu 10 Jahren Haft verurteilt und nach Abbüßung entlassen.
S. 54 *Raeder* – Erich Raeder (1876–1960), Großadmiral, bis 1943 Oberbefehlshaber der Kriegsmarine; zu lebenslanger Haft verurteilt, 1955 entlassen.
Baldur von Schirach – (1907–1974), »Reichsjugendführer«, zu 20 Jahren Gefängnis verurteilt und 1966 entlassen.
Sauckel – Fritz Sauckel (1894–1946), als »Generalbevollmächtigter für den Arbeitseinsatz« organisierte er »die Verschleppung von Millionen Menschen zur Zwangsarbeit« (KP, S. 520). Zum Tode verurteilt und hingerichtet.
Jodl – Alfred Jodl (1890–1946), Generaloberst, Chef des Wehrmachtsführungsstabes im Oberkommando der Wehrmacht und enger Berater Hitlers. Zum Tode verurteilt und hingerichtet.
von Papen – Franz von Papen (1879–1969), Offizier, 1932 Reichskanzler mit Duldung der NSDAP, 1933/34 Vizekanzler unter Hitler. Ab 1934 Botschafter in Wien, dann in Ankara; Freispruch im Nürnberger Prozess.
Seyß-Inquart – Arthur Seyß-Inquart (1892–1946), SS-Obergruppenführer; Stellvertreter von Hans Frank, 1940 Reichskommissar der Niederlande und dort verantwortlich für die Deportation der jüdischen Bevölkerung. Zum Tode verurteilt und hingerichtet.
Konstantin von Neurath – (1873–1956), Diplomat, SS-Obergruppenführer, Minister ohne Geschäftsbereich, 1939–1941 Reichsprotektor von Böhmen und Mähren. Zu 15 Jahren Haft verurteilt, am 5.11.1954 entlassen.
Hans Fritsche – recte: Fritzsche (1900–1953), Rundfunkkommentator, seit 1942 Leiter der Rundfunkabteilung im Propagandaministerium. Im Nürnberger Prozess freigesprochen, im Entnazifizierungsverfahren 1947 zu 9 Jahren Arbeitslager verurteilt, 1950 entlassen.
französische Hauptankläger – François de Menthon (1900–1984).
S. 55 *John Dos Passos* – Der amerikanische Romancier (1896–1970) arbeitete von 1942 bis 1945 als Kriegskorrespondent in Europa.
Erika Mann – (1905–1969), die Schriftstellerin und Kabarettistin war seit 1940 als Kriegsberichterstatterin tätig, für die BBC, ab 1942 für das US-Office of War Information für verschiedene Zeitungen. In Nürnberg war sie in der Tat für den *Evening Standard* (London).
S. 55 *Peter Mendelssohn* – Der mit Kästner befreundete Schriftsteller und Essayist Peter de Mendelssohn (1908–1982) emigrierte 1933 nach Wien, 1936 nach London. Er nahm die britische Staatsbürgerschaft

an; 1945 kam er als Pressechef der britischen Kontrollkommission nach Deutschland zurück. Bekannt wurde er mit einer zweibändigen Biografie über Thomas Mann, er hat auch Romane geschrieben und einen Dokumentenband über die Nürnberger Prozesse ediert.
S. 55 *William Shirer* – William L. Shirer (1904–1993), amerikanischer Historiker und Publizist; er lebte von 1934 bis 1940 als Korrespondent in Berlin, bis 1937 für den Universal News Service, dann für das Columbia Broadcasting System (CBS). Er hat ein (stark redigiertes) *Berlin Diary* (1941, dt. 1991) veröffentlicht, später den Bestseller *The Rise and Fall of the Third Reich* (1960, dt. 1961).
russische Hauptankläger – Roman Rudenko (1907–1981).
S. 56 *englische Hauptankläger* – Sir Hartley Shawcross (1902–2003).

DIE SCHULD UND DIE SCHULDEN

ED in: *Die Neue Zeitung*, Jg. 1, Nr. 14, 3.12.1945, Feuilleton- und Kunstbeilage.
DV: GSE VIII, S. 33–38.
S. 58 *meinem englischen Übersetzer* – Cyrus Brooks (1890–1951), literarischer Agent und Übersetzer v. a. Kästners, auch von Jakob Wassermann, Leonhard Frank, Bruno Frank.
Einmarsches im »Sudetenland« – In der »Sudetenkrise« und nach Abschluss des Münchner Abkommens 1938, in dem die französischen, englischen und italienischen Vertreter der Abtrennung des von Deutschland verlangten Gebiets der Tschechoslowakei zugestimmt hatten, wurde dieses von deutschen Truppen besetzt.
Brendan Bracken – (1901–1958) war Zeitungsherausgeber, konservativer Parlamentsabgeordneter, Churchills Privatsekretär und schließlich von 1941 bis 1945 britischer Informationsminister.
S. 59 *Langes Gedicht* – möglicherweise *Das ohnmächtige Zwiegespräch* (vgl. W VI, S. 875).
Jackson – vgl. Kommentar zu S. 49.
S. 62 *Carl Hofer und andere, entartete Maler* – Der expressionistische Maler Karl (oder Carl) Hofer (1878–1955), auch Direktor der Berliner Hochschule für die Bildenden Künste, galt in der NS-Diktatur als »entartet« und wurde in der Münchner Propaganda-Ausstellung »Entartete Kunst« (1937) ebenso präsentiert wie die später genannten Max Beckmann, Max Pechstein, Käthe Kollwitz und Karl Schmidt-Rottluff.
S. 62 *Paul Wegener* – populärer Schauspieler und Regisseur (1874–1948),

der trotz seiner NS-Gegnerschaft auf der »Gottbegnadeten«-Liste des Regimes verblieb und weiterhin arbeiten konnte; auch nach 1945 hatte er keine Einschränkungen.

IST POLITIK EINE KUNST?

ED in: *Die Neue Zeitung*, Jg. 1, Nr. 19, 21.12.1945.
DV: GSE VIII, S. 38–41.
S. 64 *der alte Satz, daß Politik eine Kunst sei* – möglicherweise eine Anspielung auf Otto von Bismarck: »Die Politik ist keine Wissenschaft, die man lernen kann, sie ist eine Kunst, und wer sie nicht kann, der bleibt besser davon« (Reichstagsrede, 29.1.1886).
S. 66 *Cicero … Atticus* – Der Redner, Philosoph, Politiker und Anwalt Marcus Tullius Cicero (106–43 v. Chr.) führte einen (in Teilen überlieferten) freundschaftlichen Briefwechsel mit dem Patrizier Titus Pomponius Atticus, der als Epikuräer einen Teil seines Lebens in Athen verbrachte.
Österreich … Sudetenland … Danziger Frage – Am 12.3.1938 vollzogen deutsche Truppen den sogenannten Anschluss Österreichs; zum Sudetenland vgl. Kommentar zu S. 58. Danzig war nach knapp 100 Jahren preußischer Herrschaft seit 1920 Freistaat, die NS-Regierung verlangte die Rückgabe an Deutschland; für die polnische Regierung, in deren Staatsgebiet Danzig lag, war das keine vorstellbare Option.

DIE AUGSBURGER DIAGNOSE.
KUNST UND DEUTSCHE JUGEND

ED in: *Die Neue Zeitung*, Jg. 2, Nr. 2, 7.1.1946, Feuilleton- und Kunstbeilage.
DV: GSE VII, S. 29–34.
In Kästners Sammlung *Der tägliche Kram* (1949) abgedruckt mit der Vorbemerkung: »(Januar 1946, Neue Zeitung.) Die Begegnung mit moderner, insbesondere abstrakter Kunst zeitigte zweierlei: frenetisches Interesse und erstaunliche Intoleranz. So bot sich gerade die Malerei als ›Toleranzthema‹ an. Von der Flut der Zuschriften an die Blätter macht man sich kaum eine Vorstellung. Die Menschen froren, hungerten, hatten keine Tinte und kein Briefpapier. Trotzdem bekam damals z. B. die Neue Zeitung wöchentlich etwa zweitausend ›Stimmen aus dem Leserkreis‹, oft lange Abhandlungen, nahezu immer mit der genauen Adresse des Absenders. Das Bedürfnis, die eigne

Meinung namentlich zu vertreten, war ungewöhnlich. Auch bei den heikleren Themen als diesem. Meine Absicht, die Zuschriften anläßlich der ›Augsburger Diagnose‹ in einem zweiten Artikel auszuwerten, scheiterte schließlich an der Materialfülle« (GSE VII, S. 29).

S. 70 *Ernst Geitlinger* – (1895–1972), Maler der frühen Moderne, zunehmend Gemälde in Richtung stärkerer Abstraktion. In der Diktatur galten seine Bilder als »entartet«; ab 1951 Professur für Malerei und Grafik an der Münchner Akademie der Bildenden Künste. Die Ausstellung *Maler der Gegenwart I* im Augsburger Schaezler-Palais war die erste Ausstellung seit zwölf Jahren, an der er teilnehmen konnte.

S. 71 *Schlichter ... Blocherer* – Rudolf Schlichter (1890–1955), neusachlicher Maler und Schriftsteller, nach dem Krieg surrealistische Gemälde; bekannt auch durch seine Porträts von Bertolt Brecht, Helene Weigel, Oskar Maria Graf, Ernst Jünger u. a., es gibt auch ein Bleistiftporträt Kästners. – Karl Blocherer (1889–1964), Meisterschüler Franz von Stucks, nach 1945 v. a. religiöse Motive; 1915 Gründung der »Blocherer-Schule für angewandte Kunst und freie Malerei« in München, die als Berufsfachschule bis heute existiert.

S. 72 *Stuck* – Franz von Stuck (1863–1928), populärer Maler und Bildhauer in Jugendstil und Symbolismus.

Heinrich von Zügel – bedeutender deutscher Impressionist (1850–1941), vor allem Tiermaler.

S. 73 *Hofgarten* – Die NS-Propaganda-Ausstellung »Entartete Kunst« wurde 1937 in der Galeriestraße gezeigt, direkt am Hofgarten gelegen.

durchgefallener Kunstmaler – Hitler hatte sich 1907 erfolglos an der Wiener Kunstakademie beworben und lebte um 1910 vom Verkauf kopierter bzw. aquarellierter Ansichtskarten.

dilettantischer Schriftsteller – Der NS-Propagandaminister Josef Goebbels hatte in der Weimarer Republik den Roman *Michael. Ein deutsches Schicksal in Tagebuchblättern* (1929) veröffentlicht.

Rosenberg – vgl. Kommentar zu S. 53.

S. 74 *Kutzschbach* – Der Dirigent und Musikpädagoge Hermann Kutzschbach (1875–1938) begründete zusammen mit dem Dirigenten Ernst von Schuch 1909 die Dresdner Richard- Strauss-Woche – *Tod und Verklärung* (1889) und *Till Eulenspiegel* (1895) sind symphonische Dichtungen von Strauss.

WERT UND UNWERT DES MENSCHEN

ED in: *Die Neue Zeitung*, Jg. 2, Nr. 10, 4.2.1946, Feuilleton- und Kunstbeilage.
DV: GSE VII, S. 64–68.
In Kästners Sammlung *Der tägliche Kram* (1949) abgedruckt mit der Vorbemerkung: »(Februar 1946, Neue Zeitung.) Amerikanische Kameraleute hatten in verschiedenen Konzentrationslagern, unmittelbar nach der Befreiung der Häftlinge, Aufnahmen gemacht, die jetzt überall als Film vorgeführt wurden. Das unterdrückte Gefühl, wenigstens passiv an der Riesenschuld teilzuhaben, die Skepsis jeder ›Propaganda‹ gegenüber, die eigene Notlage und andere Gründe führten dazu, daß der Film seinen Zweck, im Allgemeinen gesehen, nicht erreichte« (GSE VII, S. 64).
S. 76 *Die Todesmühlen* – Der erste Dokumentarfilm über die Vernichtungslager, noch 1945 zusammengestellt und knapp 22 Minuten lang, ist ein Zusammenschnitt von Filmaufnahmen, die v. a. amerikanische Truppen gedreht haben – mit Bildern aus Auschwitz, Bergen-Belsen, Buchenwald, Dachau, Hadamar, Majdanek nach der Befreiung. Hanuš Burger zeichnet für die deutsche, Billy Wilder für die englische Version *Death Mills* als Regisseur; die letztere ist vollständig im Netz zu sehen (https://archive.org/details/DeathMills). In einigen deutschen Bundesländern mussten Erwachsene sich diesen Film ansehen, darunter auch Bayern.
S. 77 *zwanzig Millionen Menschen* – Im Vorspann des Films ist von »millions of men, women and children« die Rede.
S. 78 *Gustave Le Bons »Psychologie der Massen«* – 1895 in Frankreich erschienen, die erste wissenschaftliche Massenpsychologie, die nachfolgende Massentheoretiker – vor allem Sigmund Freud – stark beeinflusste.
S. 79 *Silone* – Ignazio Silones Satire *Die Schule der Diktatoren* (1939) erzählt die Gespräche eines italienischen Exilautors mit zwei Amerikanern, die in Europa Strategien sammeln wollen, wie sie erfolgreich eine Diktatur errichten könnten.
S. 80 *Clemenceau* – Georges Clemenceau (1841–1929) war ein französischer Journalist und Politiker; als Zeitschriftenherausgeber druckte er in der Dreyfus-Affäre Émile Zolas berühmten offenen Brief *J'accuse* (1898). 1906–1909 französischer Ministerpräsident, nochmals 1917–1920. Er setzte sich nach dem Ende des Ersten Weltkriegs für hohe deutsche Reparationszahlungen an Frankreich ein und wollte Deutschland auch im Versailler Vertrag möglichst schwächen.

»IST GOTT ODER HITLER GRÖSSER?« EIN FRAGEBOGEN AUS DEM JAHRE 1938

ED in: *Die Neue Zeitung*, Jg. 2, Nr. 40, 20.5.1946.
DV: GSE VIII, S. 85–87.
S. 81 *Fritz Klingler* – Der genannte Band ist 1946 im Verlag Joseph Mendelssohn erschienen.
S. 82 *Byzantinerseelen* – Bildungssprachlich galt Byzantinismus als Unterwürfigkeit.

NACHRICHTEN, RICHTIG GELESEN

Anonymer ED in: *Die Neue Zeitung*, Jg. 2, Nr. 51, 28.6.1946, S. 2; kein ND.
S. 84 *Malmedy-Prozeß* – Der Prozess war Teil der Dachauer Kriegsverbrecherprozesse, in denen amerikanische Militärgerichte Kriegsverbrechen und Verbrechen gegen die Menschlichkeit untersuchten. Im Malmedy-Massaker waren im Dezember 1944 mehr als 80 amerikanische Kriegsgefangene von Angehörigen der Waffen-SS erschossen worden, der verantwortliche Kommandierende war der SS-Obersturmbannführer Joachim Peiper (1915–1976). In der Tat sagte der amerikanische General Hal D. McCown auf Veranlassung des Verteidigers Willis M. Everett aus, er habe keine Misshandlung amerikanischer Kriegsgefangener durch Peiper gesehen; er hatte allerdings mit Peiper verhandelt, als dessen SS-Einheit an einem anderen Ort der Ardennenoffensive eingekesselt worden war. Peiper und 42 andere SS-Angehörige wurden im Malmedy-Prozess zum Tode verurteilt, durch Initiativen amerikanischer Bürgerrechtler (darunter Everett) wurden die Urteile aber nicht vollstreckt; Peiper wurde 1956 aus der Haft entlassen.
Arnold Nash – Arnold Samuel Nash (1906–1991), anglikanischer Priester, seit 1939 in den USA; forschte an der University of North Carolina in Chapel Hill vor allem auf dem Gebiet der Religionssoziologie.
S. 85 *Herms Niel* – (1888–1954) komponierte populäre Marschlieder und dirigierte sie auch öffentlichkeitswirksam auf den NSDAP-Reichsparteitagen.

BRIEFE IN DIE RÖHRCHENSTRASSE

ED in: *Die Neue Zeitung*, Jg. 2, Nr. 62, 5.8.1946, Feuilleton- und Kunstbeilage S. 3.
DV: GSE VIII, S. 113–118.
S. 87 *Ludwig Finkh* – schwäbischer Arzt und Schriftsteller (1876–1964), bis in die zwanziger Jahre eng mit Hermann Hesse befreundet, nach 1933 völkischer Blut-und-Boden-Dichter und engagiertes NSDAP-Mitglied.
RDS – Reichsverband deutscher Schriftsteller, 1935 aufgelöst und in die Reichsschrifttumskammer überführt.
S. 88 *Fedor von Zobeltitz* – Journalist, im Kaiserreich bekannter Unterhaltungsschriftsteller und Bibliophiler (1857–1934).
S. 89 *Freiherr von Grote* – Hans Henning von Grote (1896–1946), Offizier, nationalistisch-militaristischer Schriftsteller.
Wulf Bley – völkischer Schriftsteller, Journalist und Rundfunkreporter (1890–1961).
Hadamowsky – Eugen Hadamovsky (1904–1945) war von 1933 bis 1942 Reichssendeleiter der Reichs-Rundfunk-Gesellschaft, dem Zusammenschluss aller regionalen Rundfunksender.
Hanns Martin Elster – (1888–1983), Schriftsteller, Herausgeber, Verleger und Übersetzer (v. a. aus dem Französischen); in der Diktatur NSDAP-Mitglied und Redakteur einschlägiger Zeitschriften wie *Das Dritte Reich* (1933–1934).
Edgar von Schmidt-Pauli – (1881–1955), Schriftsteller und Journalist, der nach 1933 Bücher wie *Hitlers Kampf um die Macht* (1933), eine Hitler-Biografie (1933) und *Geschichte der Freikorps 1918–1924* (1936) veröffentlichte.
Systemzeit – denunziatorisch gemeinter NS-Begriff für die Jahre der Weimarer Republik.
S. 90 *Walter Bloem* – (1868–1959), viel gelesener nationalistischer Schriftsteller, der in der NS-Diktatur nicht zur ersten Garde gehörte, weil er sich 1932 für Carl von Ossietzky eingesetzt hatte und kein Antisemit war (vgl. BL, S. 37).
Max Barthel – (1893–1975) orientierte sich nach Anfängen in der Arbeiterbewegung in der Weimarer Republik mit Beginn der Diktatur um und schrieb zeitgemäße Unterhaltungsliteratur, veröffentlichte auch im *Völkischen Beobachter*.
Paul Oskar Höcker – viel gelesener Unterhaltungsschriftsteller (1865–1944).

S. 91 *Werner Jansen* – NS-Schriftsteller und Arzt (1890–1943), der mit
»völkische[n] Nibelungenromane[n]« reüssierte (KP, S. 284) und von
Heinrich Himmler stark protegiert wurde.
Max Jungnickel – (1890–1945 vermisst), nationalistischer und militaristischer Schriftsteller, der sich auch in der Tradition der deutschen
Romantik sah.
Hanns Johst – Schriftsteller und Dramatiker (1890–1973), seit 1935 Präsident der Reichsschrifttumskammer.
S. 92 *Doktor Wißmann* – Heinz Wismann (1897–1947), 1933 Abteilungsleiter für die Schrifttums-Abteilung im Reichsministerium für
Volksaufklärung und Propaganda, Vizepräsident der Reichsschrifttumskammer; 1937 entlassen, weil er die Ehe mit einer »Halbjüdin«
verschwiegen hatte (vgl. BL, S. 88 f.).
Hans Friedrich Blunck – konservativ-völkischer, auch neuromantischer
Schriftsteller (1888–1961), 1933–1935 erster Präsident der Reichsschrifttumskammer.

ÜBER DAS AUSWANDERN

ED in: *Pinguin*, Jg. 2, H. 1, Januar 1947, S. 1.
DV: GSE VII, S. 91–93.
In Kästners Sammlung *Der tägliche Kram* (1949) abgedruckt mit der
Vorbemerkung: »(Januar 1947, Pinguin.) Der Schwarzwald blühte immer üppiger. Ehrliche Arbeit lohnte immer weniger. Das Wort ›auswandern‹ wurde zum epidemischen Verbum. Um durch Diskussion
ein wenig Klarheit und Überblick zu schaffen, eröffnete ich mit dem
folgenden Beitrag eine Umfrage. Meine etwas pastorale Haltung wurde mir in den Kreisen der schaffenden und unbeirrten Jugend sehr
verübelt.«
S. 93 *ein deutscher Verleger* – Curt Weller (1895–1955), mit seinem eigenen Verlag Curt Weller & Co. wie als angestellter Verleger mit Prokura
bei der DVA, Verleger Erich Kästners in der Weimarer Republik (vgl.
auch W II, S. 439).
Anna Seghers – (1900–1983) emigrierte über die Schweiz nach Frankreich, von dort aus 1941 letztlich nach Mexiko. 1947 kehrte sie nach
Ostberlin zurück, wo Kästner sie gelegentlich traf; von 1952 bis 1978
war sie Präsidentin des DDR-Schriftstellerverbands. 1967 organisierten die deutschen PEN-Zentren einen Austausch: Seghers konnte in
ihrer Geburtsstadt Mainz lesen, Kästner vor ausgesuchtem Publikum
in Dresden.

S. 95 *Der Ruf* – Die Zeitschrift, ursprünglich im amerikanischen Kriegsgefangenenlager Fort Kearny (Rhode Island) von deutschen Gefangenen im Rahmen des Reeducation-Programms gegründet, erschien von 1946 an (mit Unterbrechungen) bis 1949, zunächst in München, herausgegeben von Alfred Andersch und Hans Werner Richter. Kästner zitiert aus Carl-Hermann Ebbinghaus: Wir wollen raus!, in: *Der Ruf*, H. 6, 1. 11. 1946, S. 6 (vgl. W II, S. 440). Aus den Autoren des *Ruf* ging die »Gruppe 47« hervor.

ABRÜSTUNG IN BAYERN

ED in: *Die Neue Zeitung*, Jg. 3, Nr. 16, 24. 2. 1947, Feuilleton- und Kunstbeilage, S. 3.
DV: GSE VII, S. 107–110.
In Kästners Sammlung *Der tägliche Kram* (1949) abgedruckt mit der Vorbemerkung: »(Februar 1947, Neue Zeitung.) Strafen auf Waffenbesitz und Amnestie bei Waffenablieferung hatten mehrfach miteinander abgewechselt. Anläßlich der Amnestie Anfang des Jahres 1947 erschien eine Statistik. Mit ihr befaßt sich die folgende Glosse« (GSE VII, S. 107).
S. 96 *Scipio Aemilianus* – Publius Cornelius Scipio Aemilianus Africanus minor Numantinus (185–129 v. Chr.), römischer Feldherr und Politiker, der am Ende des dritten Punischen Kriegs, nachdem er Karthago erobert hatte, auf Befehl des römischen Senats Karthago zerstören lassen musste. Die übrigen Bewohner wurden als Sklaven verkauft, die Provinz zeichnete sich in den kommenden Jahren in der Tat vor allem durch Getreidelieferungen an Rom aus.
S. 98 *DENA* – Deutsche Nachrichtenagentur, 1945 in der amerikanischen Besatzungszone gegründet; 1949 in der Deutschen Presse-Agentur (dpa) aufgegangen.

»NE PAS TIRER!« »NICHT SCHIESSEN!«

ED als »II. Folge« der Reihe »Die guten Taten« in: *Pinguin*, Jg. 2, H. 4, April 1947, Umschlagseite 2; kein ND.
S. 100 *Leopold Schwarz* – Der Münchner Priester und Präses in der Katholischen Arbeiterbewegung (1897–1961) hatte seine Kriegserinnerungen an die Kämpfe um Verdun im Selbstverlag unter dem Titel *Zwanzig Jahre später* (1935) herausgebracht.

S. 100 *Aufführung eines Kriegsfilms* – Kästners Artikel war mit zwei Fotografien illustriert; in der Bildunterschrift wird mitgeteilt, es handle sich bei ihnen und dem genannten Kriegsfilm um *Im Westen nichts Neues* (USA 1930, Regie: Lewis Milestone) nach dem gleichnamigen Roman von Erich Maria Remarque.

Leonhard Frank – Der pazifistische Schriftsteller, der bereits im Ersten Weltkrieg in die Schweiz emigriert war, musste 1933 erneut ins Exil, nun über Frankreich in die USA. Nach seiner Rückkehr nach Deutschland ließ er sich in München nieder, er war seit der Weimarer Republik mit Kästner befreundet.

S. 101 *Oberstleutnant D. ... Produktionsleiter einer Berliner Filmfirma* – nicht identifiziert.

S. 102 *La grande illusion* – Jean Renoirs Filmklassiker (Frankreich 1937).

SCHARF EINGESTELLT. WENN NICHTS AUF DER WELT ...

ED in: *Heute, eine illustrierte Zeitschrift*. München: Verlag der Neuen Zeitung, Nr. 45, 1.10.1947, S. 2; kein ND.

SCHARF EINGESTELLT. ZWEI STECKBRIEFE ...

ED in: *Heute, eine illustrierte Zeitschrift*. München: Verlag der Neuen Zeitung, Nr. 48, 15.11.1947, S. 2; kein ND.

STIMMEN VON DER GALERIE

ED in: *Pinguin*, Jg. 4, H. 1, Januar 1949, S. 2.
DV: GSE VII, S. 187–190.

S. 108 *Trocadero* – Das Palais du Trocadéro war ein Ausstellungspalast, der 1878 für die Weltausstellung in Paris gebaut und 1937 wieder abgetragen worden war. Die UN-Vollversammlung 1948, auf der die *Allgemeine Erklärung der Menschenrechte* am 10.12.1948 verkündet wurde, fand im Palais de Chaillot statt, 1937 auf den Fundamenten des Trocadéro errichtet.

S. 109 *Garry Davis* – (1921–2013), US-amerikanischer (seit 1948 staatenloser) Schauspieler und Friedensaktivist, der 1948 die Weltbürgerbewegung begründet hat; sie existiert bis heute und hat z.B. auch Julian Assange und Edward Snowden zu Weltbürgern erklärt.

S. 110 *Henry Martin Noel* – Henry Martyn Noel (1923–1995), US-amerikanischer Bürger, der mit der amerikanischen Frankreichhilfe nach Europa kam, 1948 auf seine Staatsbürgerschaft verzichtete und sich in Kassel von einer deutschen Baufirma als Hilfsarbeiter anstellen ließ.

DAS DROHENDE SCHMUTZ- UND SCHUNDGESETZ. EIN PAAR BEISPIELE? BITTE SEHR!

ED in: *Das literarische Deutschland*. Zeitung der Deutschen Akademie für Sprache und Dichtung, Jg. 1, Nr. 3, 5.12.1950, S. 2; unter der Überschrift *Das drohende Schmutz- und Schundgesetz* erschien Kästners Beitrag neben dem Artikel *Die düsteren Perspektiven* von Stefan Andres. – Kästner hat diese Rede am 17.3.1950 im Münchner Goethesaal vor der Gesellschaft für Bürgerliche Freiheiten gehalten (Z, S. 463); DV ist der (von Kästner für den Druck leicht veränderte) Text des EDs.
S. 112 *Lex Heinze* – Hermann Heinze und seine Frau wurden wegen der Ermordung eines Nachtwächters 1892 in Berlin zu 15 bzw. 10 Jahren Zuchthaus verurteilt; die Lebenswelt der Prostituierten und Zuhälter, die in diesem Prozess ausgebreitet wurden, führten zur Initiative der »Lex Heinze«. In der vom Reichstag angenommenen Fassung waren allerdings die Kunst- und Theaterparagrafen gestrichen worden.
S. 113 *Külz* – Wilhelm Külz (1875–1948) war ein (national-)liberaler Politiker, 1926 deutscher Innenminister, 1931 bis zu seiner Absetzung 1933 Bürgermeister von Dresden. Kästner hatte bereits 1926 gegen Külz' Initiative einen Leitartikel in der *Neuen Leipziger Zeitung* geschrieben (*Herr Külz sucht wieder eine Mehrheit*, vgl. W VI, S. 47–49, KDK, S. 289–291).
Verzeichnis ... – Kästners Liste zeigt die Reichweite des Gesetzes in der Weimarer Republik – von Klassikern seit der Antike bis zur unmittelbaren Gegenwartsliteratur, von homophoben Verfügungen (Hans Blüher) bis zu politischer Zensur (des anarchistischen Theoretikers Pjotr Alexejewitsch Kropotkin).
S. 116 *Ihr wollt die Uhrenzeiger ...* – Schluss des Gedichts *Marschliedchen* (1932; vgl. W I, S. 220 f.)

ÜBER DIE ZIELE DES PEN-CLUBS

Gehalten am 6.12.1952 auf der Jahresversammlung des bundesdeutschen PEN-Zentrums in Darmstadt, unveröffentlicht.
DV: Typoskript im Nachlass, DLA Marbach.

S. 118 *bei seinem Geburtsorte, England* – Der PEN wurde 1921 von der englischen Schriftstellerin Catherine Amy Dawson Scott (1865–1934) in London gegründet; das deutsche Zentrum der Weimarer Republik 1924.

Internationale PEN ... den Kontakt demonstrativ unterbrach – Auf dem internationalen Kongress in Ragusa (Kroatien) 1933 hielt Ernst Toller eine Rede gegen die Bücherverbrennungen und den Antisemitismus in der NS-Diktatur; die deutsche Delegation wird mit der PEN-Charta konfrontiert und gefragt, was sie für verfolgte Kollegen getan habe. Der Bruch wird noch vermieden, Edgar von Schmidt-Pauli (vgl. Kommentar zu S. 89) gibt als Leiter der Delegation aber binnen eines Monats den Austritt des deutschen Clubs bekannt, um dem Ausschluss zuvorzukommen. Der Internationale PEN löschte das Zentrum 1934 auf dem Internationalen Kongress in Edinburgh, es wurde ein deutscher Exil-PEN gegründet. – Die Neuerrichtung des deutschen PEN nach 1945 dauerte mehrere Jahre, durch die innerdeutschen Querelen zwischen Ost und West gab es seit 1951 vor dem Hintergrund des Kalten Krieges zwei deutsche Zentren; Kästner war der Gründungspräsident des westdeutschen Clubs seit der konstituierenden Versammlung in Darmstadt am 3./4. Dezember 1951, also ein Jahr vor dieser Ansprache.

RESIGNATION IST KEIN GESICHTSPUNKT

ED in: *Die Neue Zeitung*, Jg. 9, Nr. 23, 28.1.1953, S. 6.
DV: GSE VIII, S. 208–210.
Erläuterung Kästners zum Abdruck der Rede: »Ansprache in der Internationalen Jugendbibliothek, München, zur Eröffnung der Ausstellung von Kinderzeichnungen aus Israel, 1953«.
S. 122 *Jahrhundert des Kindes* – Anspielung auf Ellen Keys Bestseller *Das Jahrhundert des Kindes* (dt. 1902), die schwedische Schriftstellerin und Reformpädagogin (1849–1926) wandte sich zwar gegen die Prügelstrafe, vertrat aber auch »rassenbiologische« Vorstellungen und plädierte für Euthanasie.
S. 123 *Daß wir ... werden wie die Kinder* – antwortet Jesus auf die Frage der Jünger, wer »der Größte im Himmelreich« sei; in Luthers Übersetzung: »Es sei denn, daß ihr euch umkehret und werdet wie die Kinder, so werdet ihr nicht ins Himmelreich kommen« (vgl. Neues Testament, Matthäus 18, 3).
Haus der Internationalen Jugendbibliothek – Nach dem Erfolg der

Internationalen Jugendbuchausstellung, die die Journalistin Jella Lepmann 1946 im Rahmen des amerikanischen Reeducation-Programms organisiert hatte, gründete sie 1949 in München die Internationale Jugendbibliothek, unterstützt u. a. von Erich Kästner. Die Bibliothek mit ihren stetig wachsenden Sammlungen ist bis heute ein Zentrum der Präsentation und Erforschung internationaler Kinder- und Jugendliteratur.

VON DER DEUTSCHEN VERGESSLICHKEIT

Notiz nach dem Abdruck in GSE VIII, S. 228: »Gesprochen am 13. Mai 1954 in den Münchner Kammerspiele, zur Erinnerung an den 20. Juli 1944«.
ED in: *Merkur*, Jg. 8, H. 7, Juli 1954, S. 601–603.
DV: GSE VIII, S. 225–228.
S. 125 *Soldatenkönig* – Friedrich Wilhelm I. von Preußen (1688–1740) ließ ein großes Heer aufbauen, das er allerdings – im Unterschied zu seinem *Sohn und präsumptiven Nachfolger* Friedrich II. kaum einsetzte. Der Vater hatte tatsächlich erwogen, seinen Sohn wegen Landesverrats hinzurichten, weil er sich mit einem älteren Freund, Leutnant Hans Hermann von Katte (1704–1730), der väterlichen Herrschaft entziehen wollte; er ließ dann nur Katte hinrichten.
S. 126 *Frauen und Männer des deutschen Widerstands* – Kästners Rede wurde zur Erinnerung an den 20. Juli 1944 gehalten – den Versuch Claus Schenks Graf von Stauffenberg, Hitler in seinem ostpreußischen Hauptquartier in Rastenburg mit einem Sprengstoffattentat zu töten. Das Attentat war Teil eines großangelegten Putschversuchs des militärischen Widerstands im »Dritten Reich«; nach dem Scheitern wurden etwa 200 Männer und Frauen hingerichtet, an die 6000 verhaftet. Die prominenteren der Verschwörer wurden in Schauprozessen vor dem Volksgerichtshof in Berlin abgeurteilt, Präsident des Volksgerichtshofs war der berüchtigte Jurist Roland Freisler; die Urteile erfolgten *im Namen des Volkes*.
S. 127 *psychoanalytische Jargon* – Im Unterschied zum Vergessen sieht die Psychoanalyse im Verdrängen einen aktiven Prozess; Sigmund Freud spricht auch von der Wiederkehr des Verdrängten, das sich in Fehlleistungen oder Krankheitssymptomen äußern kann. Eine Anwendung psychoanalytischen Jargons auf kollektive Prozesse, wie sie auch Kästner hier suggeriert, ist umstritten.
S. 128 *bevor der Hahn zum dritten Male kräht* – Jesus prophezeit Petrus

im Garten Gethsemane vor seiner Festnahme: »Wahrlich ich sage dir: In dieser Nacht, ehe der Hahn kräht, wirst du mich dreimal verleugnen« (Matthäus 26, 34; vgl. W VI, S. 892).

ICH SPRECHE ALS SCHRIFTSTELLER

ED in: *Die Kultur*, Jg. 6, Nr. 107, 1.5.1958, S. 1f.; auch u.d.T. *Tausendfacher Protest gegen die Atomrüstung* nachgedruckt. Die Rede wurde am 18.4.1958 auf einer Veranstaltung des Komitees gegen Atomrüstung im Münchner Circus Krone gehalten.
DV: *Der Sozialdemokrat*. Monatsheft für Politik, Wirtschaft und Kultur. Frankfurt am Main. Jg. 3, 1958, Nr. 6, S. 21.
S. 129 *Hexenmeister ... Zauberlehrlingen* – Anspielung auf Goethes Ballade *Der Zauberlehrling* (1797).
S. 130 *Suezpolitik* – Kästner spielt auf die Sueskrise 1956 an, als Großbritannien, Frankreich und Israel mit militärischen Mitteln die Durchfahrt durch den Sueskanal sichern wollten, nachdem der ägyptische Präsident Gamal Abdel Nasser die Sueskanal-Gesellschaft verstaatlicht hatte.
Algerien und Tunesien – Der algerische Unabhängigkeitskrieg gegen die französische Kolonialmacht seit 1954 endete 1962 mit der Unabhängigkeit Algeriens, nachdem Charles de Gaulle sich für eine Verhandlungslösung eingesetzt hatte. Auch Tunesien wurde 1956 nach jahrzehntelangen Konflikten aus dem französischen Protektorat in die Unabhängigkeit entlassen.
Niels Bohr – Der dänische Atomphysiker (1885–1962) hatte 1950 einen offenen Brief an die UN geschrieben, in dem er vor den Gefahren der Bombe warnte, aber auch für offenen Informationsfluss und der Utopie billiger Energie für alle sprach.
Herr Kordes – Wilhelm Kordes II. hat tatsächlich 1952 eine Strauchrose unter dem Namen »Atombombe«, »orange bis scharlachrot«, als neue Sorte angemeldet. Der Betrieb »Wilhelm Kordes Söhne« liegt in Klein Offenseth-Sparrieshoop im Kreis Pinneberg.
S. 131 *EMNID* – »Erforschung der öffentlichen Meinung, Marktforschung, Nachrichten, Informationen und Dienstleistungen«; Emnid war von 1945 bis 2014 ein Meinungsforschungsinstitut mit Sitz in Bielefeld.
Achill – Der Wettlauf von Achilles und der Schildkröte (nicht der Schnecke) ist ein bekanntes antikes Paradoxon, das von Aristoteles in der *Physik* widerlegt wird.

S. 132 *Videant consules* – (lat., »Die Konsuln mögen sehen«), im Sinne: Die Regierenden sollen sich darum kümmern. Anspielung auf den *senatus consultum ultimum*, den äußersten Beschluss des Senats bei einem Ausnahmezustand zur Rettung des Staates (*Videant consules, ne quid res publica detrimenti capiat* – »Mögen die Konsuln zusehen, dass der Staat keinen Schaden nehme«).
Neues vom Tage – Kästners Epigramm ist im ED dieser Rede zum ersten Mal veröffentlicht worden (vgl. W I, S. 233, 451).

ÜBER DAS VERBRENNEN VON BÜCHERN

Gehalten auf der Hamburger PEN-Tagung am 10.5.1958; ED: *Süddeutsche Zeitung*, 10./11.5.1958.
DV: GSE VIII, S. 277–285.
S. 133 *Linsengericht ... Esau zum Kain, und Jakob stirbt als Abel* – Esau verkaufte sein Erstgeburtsrecht an den jüngeren Bruder Jakob für ein Linsengericht (Altes Testament, Genesis 25, 29–23); und Kästner schiebt hier zwei biblische Bruder-Geschichten ineinander, den Mord Kains an Abel (Genesis 4,1–16) und den verächtlichen Umgang Esaus mit seiner Erstgeburt (vgl. auch W VI, 899).
Tempel der Artemis – Der Tempel in Ephesus wurde 356 v. Chr. durch Brandstiftung zerstört; der Täter gestand in der Folter, er habe durch die Zerstörung eines der sieben Weltwunder der Antike erreichen wollen, seinen Namen unsterblich zu machen.
alles verstehen ... alles verzeihen – Kästner widerspricht hier einer Sentenz der französischen Schriftstellerin Germaine de Staël aus ihrem Roman *Corinne ou l'Italie* (1807), *Comprendre, c'est pardonner* (frz., »Alles verstehen heißt alles verzeihen«).
S. 134 *pars pro toto ... ars pro toto* – lateinisches Wortspiel mit »der Teil für das Ganze« versus »die Kunst für das Ganze«.
S. 135 *Tacitus* – Publius Cornelius Tacitus (etwa 58–120), römischer Historiker und Politiker, dessen Darstellung der römischen Kaiser in den *Historiae* und den *Annales*, auch des Kaisers Domitian (51–96), von heutigen Historikern wegen ihrer Schwarz-Weiß-Zeichnungen problematisiert wird. Tacitus folgt demnach einer eigenen pessimistisch-moralischen Agenda vom sittlichen Niedergang Roms; Domitian steht in seiner Darstellung am Ende der beschriebenen Entwicklung und muss daher besonders negativ dargestellt werden.
Almansor – Aus Heinrich Heines Tragödie (1873) ist vor allem der von Kästner zitierte Satz sprichwörtlich geworden; hier wird von einem

spanischen Inquisitor um 1500 auf dem Marktplatz von Granada ein Koran verbrannt.

S. 135 *Goethe vor Valmy* – Die französischen Revolutionstruppen brachten die preußischen Invasionstruppen in einem Artillerieduell am 20.9.1792 bei Valmy zum Stehen und schließlich zum Rückzug. Goethe nahm als Begleiter seines Herzogs von Sachsen-Weimar am Feldzug teil und schrieb darüber den autobiografischen Bericht *Campagne in Frankreich 1792* (1822), der entscheidend zur Mythisierung dieses Gefechts beitrug.

S. 136 *Reichstagsbrand* – In der Nacht vom 27. auf den 28. Februar 1933 wurde das Reichstagsgebäude in Berlin angezündet; bis heute ist die Forschungsdebatte noch nicht entschieden, ob es sich um einen Einzeltäter, den niederländischen Arbeiter Marinus von der Lubbe (1909–1934), gehandelt hat oder um eine Brandstiftung durch NS-Kräfte. In der Folge wurde jedenfalls die Notverordnung »Zum Schutz von Volk und Staat« (28.2.1933) in Kraft gesetzt, die Grundrechte abschaffte und eine Verfolgung politischer Gegner des NS-Regimes möglich machte.

Feldmarschall – Paul von Hindenburg war Reichspräsident von 1925 bis zu seinem Tod 1934; am 21. März 1933 wurde der neu gewählte Reichstag in der Potsdamer Garnisonkirche in einem pompösen Staatsakt eingesetzt, Hitler huldigte als Reichskanzler dem Präsidenten, um zwei Tage später das Ermächtigungsgesetz verabschieden zu lassen. Damit konnte Hitler ohne die Notverordnungen des Präsidenten und ohne das Parlament regieren.

Parteien in der Krolloper – Nach dem Reichstagsbrand wurde die seit 1931 geschlossene Kroll-Oper als provisorischer Parlamentssaal genutzt.

Judenboykott – Die Nationalsozialisten ordneten für den 1.4.1933 einen Boykott jüdischer Geschäfte an; die Maßnahme wurde am selben Abend bereits wieder abgebrochen, war aber als erster Schritt speziell gegen jüdische Geschäfte und Betriebe gewesen.

Hinkende Teufel – Alain-René Lesages satirischer Großstadtroman *Der hinkende Teufel* (1713) sei nicht gemeint, sondern der Teufel aus *Reydt am Rhein* – dort wurde Joseph Goebbels geboren.

S. 137 *Wartburgfest* – Auf dem Wartburgfest am 18.10.1817 protestierten etwa 500 Studenten und einige Professoren für einen deutschen Nationalstaat und gegen die deutsche Kleinstaaterei; am Rande gab es eine Bücherverbrennung vor allem von Werken, die als franzosenfreundlich galten. Verbrannt wurden auch Werke des Dramatikers August von

Kotzebue, der 1819 von einem Burschenschaftler ermordet wurde, und des Rechtswissenschaftlers Theodor Schmalz (1760–1831); auch Saul Aschers (1767–1822) *Germanomanie* (1815), die gegen den deutschnationalen Fimmel und den Antisemitismus der Burschenschaftler polemisierte.

S.138 *Brüder Humboldt* – Die Statuen des Naturforschers und Forschungsreisenden Alexander von Humboldt (1769–1859) und seines Bruders, des Bildungsreformers, Politikers und Sprachforschers Wilhelm von Humboldt (1767–1835), stehen vor dem Haupteingang der nach ihnen benannten Berliner Humboldt-Universität.

S.139 *Ulrich von Hutten* – Dass der Humanist, Dichter und Papstkritiker (1488–1523) im 19. Jahrhundert und auch in der NS-Diktatur von nationalistischen und rechtsextremen Positionen aus vereinnahmt wurde, dürfte daran liegen, dass er den Sieger der Hermannsschlacht glorifiziert hatte (*Arminius*, postum 1529).

Rektoratsrede … der größte deutsche Philosoph – Martin Heidegger (1889–1976) ist gemeint, Kästner spielt auf die berühmte Freiburger Antrittsrede (27.5.1933) an, in der Heidegger als neu gewählter Rektor ankündigte, die Universität nach dem Führerprinzip ausrichten zu wollen.

Schüler eines jüdischen Gelehrten – Heidegger war Assistent von Edmund Husserl (1859–1938) gewesen, dem Begründer der Phänomenologie.

S.140 *Eduard Spranger* – (1882–1963) war ein bedeutender Pädagogik-Hochschullehrer.

Alfred Webers – Alfred Weber (1868–1958) war der jüngere Bruder von Max Weber und arbeitete selbst als Soziologe und Ökonom.

S.141 *Carl von Ossietzky* – Ob der Herausgeber der *Weltbühne* tatsächlich im Land bleiben wollte, ist heute umstritten; womöglich hielt er auch aus privaten Gründen eine Emigration für unmöglich, weil er seine alkoholkranke Frau aus dem Ausland nicht hätte finanzieren können (aus dem Gefängnis heraus freilich auch nicht).

Hans Otto – Kästners Schulfreund (1900–1933) war Schauspieler, Marxist und Gewerkschaftler.

S.143 *Ovid … »Principiis obsta!«* – (lat., »Bekämpfe den Beginn«), aus den *Remedia amoris* von Publius Ovidius Naso (43 v. Chr. bis 17 n. Chr.); dort wird die Wendung als Heilmittel gegen die Liebe gebraucht.

AN DIE STUDENTEN

ED in: *Die Kultur*, Jg. 6, Nr. 109, 1.6.1958.
DV: *Neues Deutschland*, 14.6.1958.
S. 144 *Demokrit aus Abdera* – Der vorsokratische Philosoph Demokrit (etwa 460 bis 370 v. Chr.) entwarf eine Atomlehre, nach der die Natur aus kleinsten, unsichtbaren und unteilbaren Elementarteilchen zusammengesetzt sei.
S. 145 *Alkibiades* – Der athenische Politiker und General (450–404 v. Chr.) war zeitweise Schüler des Sokrates, beide sind Figuren in Platons *Symposion*.

TEXT FÜR KÖLN. DIE VORGESEHENE HAMBURGER VOLKS-BEFRAGUNG ...

Datiert auf den 7.6.1958, unveröffentlicht.
DV: Typoskript im Nachlass, DLA Marbach.
S. 147 *Volksbefragung ... wird nicht stattfinden* – Dabei blieb es auch; der Bundestag hatte im März 1958 einer atomaren Ausrüstung der Bundeswehr im Kontext der NATO zugestimmt. Daraufhin hatte Erich Ollenhauer, der SPD-Vorsitzende, die Initiative für eine Volksbefragung angekündigt. Sie lief mit vielen prominenten Unterstützern, auch Schriftstellern, an; Hamburg, Bremen und einige hessische Kommunen wollten diese Volksbefragungen durchführen, sie wurden am 30.7.1958 vom Verfassungsgericht als verfassungswidrig ausgesetzt.
Videant judices! – (lat., »Die Richter mögen sehen!«) – was der Fall ist, ist gemeint; vgl. auch Kommentar zu S. 132.

VERREGNETE SONNTAGVORMITTAGE ... REDE VOR DER GEWERKSCHAFTSJUGEND

Gehalten in einer Matinee am 12. April 1959 in München, unveröffentlicht.
DV: Typoskript im Nachlass, DLA Marbach.
S. 151 *Stadtmuseum am Jakobsplatz* – Das Münchner Stadtmuseum ist 1888 eröffnet worden; es ist im Besitz zahlreicher Sammlungen (u. a. Fotografie, Puppen, Graphik, Gemälde), das Gebäude ist auch Sitz des Filmmuseums. 1999 wurde dort eine große Ausstellung zum 100. Geburtstag Erich Kästners gezeigt.
Kultusminister – Theodor Maunz (1901–1993) war von 1957 bis 1964

bayerischer Kultusminister (CSU). Als prominenter Verwaltungsrechtler in der NS-Diktatur und auch in der Bundesrepublik hatte er Professuren in Freiburg und in München inne; 1964 musste er von seinem Ministeramt zurücktreten, weil belastende Publikationen aus den Jahren vor 1945 bekannt wurden.

ERKLÄRUNG FÜR RIAS, »KULTURSPIEGEL«

Datiert auf den 13.8.1959, möglicherweise unveröffentlicht; es ist unbekannt, ob diese Erklärung vom RIAS gesendet wurde.
DV: Typoskript, Nachlass im DLA.
S.156 *David Carver* – Generalsekretär des Internationalen PEN von 1951 bis zu seinem Tod 1974; er war ausgebildeter Sänger, ein sehr gewandter und effektiver Moderator, nicht immer so diplomatisch, wie das von ihm erwartet wurde. Kästner und er verstanden sich sehr gut.
Frankfurter Kongress – Der westdeutsche PEN (mit seinem Präsidenten Kästner) konnte 1959 den jährlichen Kongress des Internationalen PEN in Frankfurt am Main organisieren, einer der größten Erfolge des PEN-Zentrums; Thema war »Schöne Literatur im Zeitalter der Wissenschaft«.
S.157 *Carry Hauser* – österreichischer Maler und Dichter (1895–1985), später bis 1974 Vizepräsident des österreichischen PEN.
Tibor Dery, Gyula Hay – Der ungarische Schriftsteller Tibor Déry (1894–1977) unterstützte wie auch sein Dramatiker-Kollege Julius/Gyula Hay (1900–1975) die Reformbestrebungen Imre Nagys in Ungarn. Nach der Niederschlagung des Ungarn-Aufstands 1956 durch sowjetische Panzertruppen wurde Déry zwar nicht (wie Nagy) hingerichtet, aber zu einer neunjährigen Haftstrafe verurteilt, 1960 begnadigt. Er übersetzte *Emil und die Detektive* ins Ungarische. Auch Hay wurde ins Gefängnis gesteckt und 1960 begnadigt; er ging nach seiner Freilassung ins Exil.
Kadar – Der ungarische Politiker János Kádár (1912–1989) war direkter Nachfolger von Imre Nagy als Ministerpräsident, von 1956 bis 1988 Generalsekretär der ungarischen KP; nach der Niederschlagung des Aufstands regierte er in den ersten Jahren mit fortgesetztem Terror.

SOLL MAN UNDANKBAR SEIN?

ED in: *Magnum*. Zeitschrift für das moderne Leben. April 1961, Heft 35: Die tollen zwanziger Jahre, S. 39; kein ND.
S. 158 *Perikleische Epoche* – Der griechische Staatsmann Perikles (etwa 490–429 v. Chr.) galt als herausragender Herrscher Athens – durch demokratische Reformen zu Lasten des Adels, sein rhetorisches wie militärisches Geschick und große kulturelle Förderleistungen besonders auf dem Gebiet der Architektur (Parthenon, Propyläen, Odeon auf der Akropolis).

OSTERMARSCH 1961

Ansprache auf dem Königsplatz in München
Gehalten im April 1961; ED in GSE VIII, S. 315–320. Der Erstdruck ist gleichzeitig die Ausgabe letzter Hand, daher auch DV. – Unter dem Titel *Gegen einen deutschen Atomfeuereifer* mit einer neuen Einleitung auch in: Rudolf Walter Leonhardt (Hg.): Kästner für Erwachsene. Frankfurt am Main: S. Fischer 1966, S. 518–521.
S. 159 *Ostermarsch* – Seit 1959/60 fanden auch in der Bundesrepublik Deutschland nach britischem Vorbild pazifistische Demonstrationen vor allem gegen Atomrüstung statt; in der beginnenden Friedensbewegung fanden sich hier mit den Jahren zahlreiche Einzelinitiativen zusammen (Aktionskreis für Gewaltlosigkeit, Kampf dem Atomtod usw.).
S. 160 *Bertrand Russell ... vors englische Verteidigungsministerium* – Der britische Philosoph, Mathematiker und Anarchosyndikalist (1872–1970) hatte am 18.2.1961 eine Demonstration gegen eine Raketenstationierung am schottischen River Clyde angeführt; mit einem Komitee von 100 Stellvertretern hatte er sich in London vor das Verteidigungsministerium gesetzt.
Carl Friedrich von Weizsäcker – Kästner zitiert den Physiker (1912–2007) nach dem Vorabdruck eines Textes aus dem Band *Kernexplosionen und ihre Wirkungen*, Hg. Frank Demming u. a., Frankfurt am Main 1961 (»Bücher des Wissens«); Weizsäcker hat nur das Vorwort geschrieben.
S. 163 *Herr Weinstein* – Adelbert Weinstein (1916–2003) war Offizier im Zweiten Weltkrieg und auch Reservist in der Bundeswehr; als Journalist von 1948 bis zu seiner Pensionierung militärpolitischer Redakteur der *Frankfurter Allgemeinen Zeitung*.
S. 163 *Henry Kissinger* – Deutsch-amerikanischer Politikwissenschaft-

ler und Politiker der Republikaner, 1923 in Deutschland geboren und 1938 mit seiner Familie in die USA geflüchtet; außenpolitischer Berater mehrerer US-Präsidenten, zuerst von John F. Kennedy (1917–1963), der von 1961 bis zu seiner Ermordung Präsident war; 1973–1977 war Kissinger Außenminister der USA.

S. 164 *Zauberlehrlinge ... Besen! Besen! ...* – Anspielung auf und Zitat aus Goethes Ballade *Der Zauberlehrling* (1797).

S. 164 *Feuerschrift an der Wand* – Anspielung auf die biblische Episode um den babylonischen Herrscher Belsazar, dem während eines fortgeschrittenen Festmahls eine Schrift an der Wand des Palastes erscheint, »Finger wie einer Menschenhand, die schrieben«. Niemand auf der Festgesellschaft kann die Inschrift lesen, erst der herbeigeholte Daniel erklärt, die Worte prophezeiten das Ende von Belsazars Herrschaft und die Teilung seines Königreichs; in derselben Nacht wird Belsazar getötet (Daniel 5). In Heinrich Heines Ballade *Belsazar* heißt es: »Und sieh! und sieh! an weißer Wand / da kam's hervor, wie Menschenhand; / Und schrieb, und schrieb an weißer Wand / Buchstaben von Feuer, und schrieb und schwand.«

LESESTOFF, ZÜNDSTOFF, BRENNSTOFF

ED: kein Nachweis (Z 8-1368), datiert auf den 3.10.1965.
DV: GSE VIII, S. 185–187.

S. 166 *Bücher von Camus, der Sagan, von Nabokov, Günter Grass* – Der französische Schriftsteller und Philosoph Albert Camus (1913–1960) ist hier wegen seiner Philosophie des Absurden zum Opfer geworden, die französische Schriftstellerin Françoise Sagan (eigentlich Quoirez, 1935–2004), der russisch-amerikanische Schriftsteller Vladimir Nabokov (1899–1977) und der deutsche Schriftsteller Günter Grass (1927–2015) wegen des allfälligen Obszönitätsverdachts.

S. 167 *Oberbürgermeister* – Von 1964 bis 1974 war Willi Becker (1918–1977) OB der Stadt Düsseldorf.

Lore und Kay Lorentz – Lore Lorentz (1920–1994) und ihr Mann Kay (1920–1993) eröffneten im März 1947 die Düsseldorfer Kabarettbühne »Kom(m)ödchen«; seit 1994 wird die Bühne von ihrem Sohn Kay Sebastian Lorentz weitergeführt.

S. 168 *Ludwig Erhards ... Jähzorn* – Der Dramatiker Rolf Hochhuth hatte für den Band *Plädoyer für eine neue Regierung oder Keine Alternative* (1965), hg. von Hans Werner Richter, nicht ohne Polemik, aber auch mit vielen Details den Bundeskanzler Ludwig Erhard (CDU,

1897–1977) u.a. darüber aufgeklärt, dass es in Deutschland weiterhin ein Proletariat gebe und das Wort »Vermögensbildung« für große Teile der Bevölkerung eine zynische Vokabel sei. Nachdem Hochhuths (veränderter und erweiterter) Beitrag als Vorabdruck im *Spiegel* 22/1965 (25.5.1965) erschienen war und eine große Öffentlichkeit hatte, wehrte sich Erhard mit dem auf Hochhuth bezogenen Satz: »Da hört bei mir der Dichter auf, und es fängt der ganz kleine Pinscher an, der in dümmster Weise kläfft.«

DIE EINBAHNSTRASSE ALS SACKGASSE

ED: kein Nachweis; datiert auf März 1966.
DV: GSE VIII, S. 188–190.
S. 171 *Hic urbs, hic salta* – (lat., »Hier ist die Stadt, hier springe«), Kästners Variation über die Aufforderung an einen Prahler in einer Fabel von Äsop: *Hic Rhodus, hic salta* (»Hier ist Rhodus, hier springe«) im Sinne von »Zeige jetzt, was du kannst«.
S. 172 *Deutsches Ringelspiel ... Die Verse des Widersachers*: In Kästners Kabarett-Nummer für die Münchner *Schaubude* ist der »Widersacher« eine Figur, die »breitbeinig, Hände faul in den Taschen, stehenbleibt« und in »Breeches und schwarze[n] Reitstiefel[n]« singt:
»Wir haben euch gezwungen und verlockt?
Stellt eure Unschuld bloß nicht untern Scheffel!
Wir haben euch die Suppe eingebrockt,
und ihr habt nicht mal einen Löffel!
Er lacht schadenfroh. Andere Stimmen lachen, von sehr weit, wie ein Echo, hinterdrein.
Ablösung vor! Ihr erbt den Schrott und Schund.
Es ist, als ob wir's abgesprochen hätten!
Wir richten Deutschland jedesmal zugrund –
Und dann kommt ihr und dürft es retten.
Lachen, wie nach den ersten vier Zeilen.
Dann schau'n wir zu und schimpfen euch Verräter
und spotten all der Fehler, die ihr macht.
Habt ihr das Land dann wieder hochgebracht,
entsenden wir die ersten Attentäter
und werben für die nächste Völkerschlacht!
Soviel für heute, alles andre – später!« (GSE VII, S. 104 f.)
Videant consules – vgl. Kommentar zu S. 132.

GEGEN DEN KRIEG IN VIETNAM

ED: kein Nachweis (Z 8-792).
DV: GSE VIII, S. 333 f.
S. 174 *schrieb ich ... in der »Neuen Zeitung«* – vgl. S. 56.

DANKESREDE ZUR VERLEIHUNG DES LITERATURPREISES DEUTSCHER FREIMAURER

ED in: Baumeister einer brüderlichen Welt. Dokumente einer Ehrung. Frankfurt am Main, Hamburg: Bauhütten-Verlag 25.5.1968, S. 32–38; kein ND. Kleinere Passagen sind aus der Rede *Über das Verbrennen von Büchern* (vgl. S. 133–143) übernommen worden, nicht unüblich in Kästners späten Jahren.
S. 176 *ehrwürdigen Alter Ihrer Vereinigung* – Die Freimaurerei bezieht sich auf Bauhütten und Steinmetzbruderschaften des ausgehenden Mittelalters; sie ist eine Weltanschauungsgemeinschaft (keine Religion), die für Werte der Aufklärung (Freiheit, Gleichheit, Brüderlichkeit, Toleranz, Humanität) eintritt. Nachdem es auch um Selbsterkenntnis geht, finden die Treffen in abgeschlossenen bzw. geschützten Räumen statt; durch diese Absonderung und die Verschwiegenheitspflicht nach außen sind die Freimaurer seit ihrer Existenz oft zum Gegenstand und Opfer von Verschwörungstheorien geworden. Als Gründungsdatum der modernen Freimaurer gilt der 24. Juni 1717, als sich in London vier Logen zur ersten Freimaurergroßloge zusammenschlossen; es gibt heute Logen in fast allen europäischen Ländern, in den USA und in Kuba.
Max Tau – (1897–1976), deutsch-norwegischer Lektor und Verleger, (nach dem Krieg) Schriftsteller.
kostbaren Ring – Der Lessing-Ring wird von den deutschen Freimaurern in Anspielung auf die Ringparabel aus *Nathan der Weise* (1779) vergeben, eine zusätzliche Anerkennung der Preisträger des Kulturpreises der deutschen Freimaurer (ohne materielle Donation). Gotthold Ephraim Lessing war seit 1771 Mitglied der Hamburger Freimaurerloge »Zu den drei Rosen«, die Freimaurerei spielt in mehreren seiner Schriften eine Rolle, explizit in *Ernst und Falk – Gespräche für Freymäurer* (1778). Für Kästner war Lessing ein programmatisch wichtiger Autor; der Plan einer Dissertation über die *Hamburgische Dramaturgie* war gescheitert (er hat ihn seiner Figur Labude in *Der Gang vor die Hunde* bzw. *Fabian* zugeschrieben). Seine dann vollendete Disserta-

tion *Friedrich der Große und die deutsche Literatur. Die Erwiderungen auf seine Schrift »De la littérature allemande«* (1925) ist in einer größeren Auflage 1972 in einer wissenschaftlichen Reihe des Kohlhammer Verlags erschienen.
S. 178 *Und ich stand unter den Zuschauern* – Der folgende Absatz variiert, z.T. auch bis in den Wortlaut identisch, Kästners Rede *Über das Verbrennen von Büchern*, vgl. S. 141.
Carl von Ossietzky – vgl. S. 141.
Hans Otto – vgl. S. 141.
im modernen undemokratischen Staat ... der Held zum Anachronismus – Der folgende Absatz benennt einen Grundgedanken, den Kästner in seiner »Komödie in neun Bildern« *Die Schule der Diktatoren* (1956) ausführlicher demonstriert hat.
S. 180 *Eugen Gerstenmaier* – (1906–1986), evangelischer Theologe und Politiker; Gerstenmaier war Mitglied des Kreisauer Kreises, er wurde am 20.7.1944 verhaftet und zu sieben Jahren Gefängnis verurteilt. Seit 1949 in der CDU, 1954–1969 Bundestagspräsident.
S. 181 *Ovid ... Bekämpfe den Beginn* – vgl. Kommentar zu S. 143.

REDE ZUR ERÖFFNUNG DER BUCHAUSSTELLUNG B'NAI B'RITH

Datiert »Zum 15.3.70«, unveröffentlicht; Titel vom Hg.
DV: Typoskript, Nachlass im DLA.
Die Ausstellung *Jüdische Literatur deutscher Sprache seit 1933* wurde zuerst 1969 in der Universitätsbibliothek der Frankfurter Universität gezeigt, 1970 im Münchner Stadtmuseum; Kästners Rede auf der Münchner Eröffnung fand einen Monat nach einem Brandanschlag auf das Altenheim der Israelitischen Kultusgemeinde München und Oberbayern statt (13.2.1970), den er nicht erwähnt. Zwei Bewohnerinnen und fünf Bewohner starben, sie alle waren Überlebende der NS-Diktatur, zwei von ihnen Überlebende der Vernichtungslager. Der Brandanschlag ist bis heute nicht aufgeklärt worden.
Das Typoskript ist handschriftlich von Kästner korrigiert, am Ende steht, quasi wie eine Unterschrift gesetzt, der Name »Hannah Maron« [sic]. Sie war eine der bedeutendsten israelischen Schauspielerinnen (1923–2014); Hanna Maron wurde in Berlin unter dem Namen Meierzak geboren. Bereits in der Weimarer Republik war sie ein vielbeschäftigter Kinderstar, spielte u.a. in Filmen von Fritz Lang und Reinhold Schünzel – und sie war das erste »Pünktchen« in der Thea-

terfassung von *Pünktchen und Anton* am Deutschen Theater (1931). Im Jahr der Emigration mit ihren Eltern, 1933, spielte sie in Paris in der französischen Theaterfassung von *Emil und die Detektive*. Am 10.2.1970 wurde sie bei einer Zwischenlandung auf dem Münchner Flughafen von einer Handgranate palästinensischer Terroristen schwer verletzt, ihr linker Fuß musste in einem Münchner Krankenhaus amputiert werden; Kästner besuchte sie im Krankenhaus (vgl. Hanns-Georg Rodek: Hanna Maron †. Wie »Pünktchen« in das Attentat von München geriet. In: *Die Welt*, 31.5.2014, S. 22). Dass ihr Name auf Kästners Redemanuskript steht, könnte bedeuten, dass er am Ende nicht nur von der Düsseldorfer Universität, sondern – frei formuliert – auch von Hanna Maron als einem weiteren Fall aktuellen Antisemitismus' erzählt hat.
S. 182 *B'nai B'rith* – (hebr., »Söhne des Bundes«), internationale jüdische Vereinigung, die 1843 in New York gegründet wurde und Toleranz, Humanität und Wohlfahrt fördern will; strukturell ähnlich der Freimaurer-Logen aufgebaut. In Deutschland mussten alle Logen 1937 aufgelöst werden; nach dem Krieg gründete sich die deutsche Sektion neu.
Juden im deutschen Kulturbereich – Siegmund Kaznelsons Sammelwerk erschien 1934; eine stark erweiterte Ausgabe mit den Ergänzungen der 1933 Emigrierten 1959, eine dritte korrigierte Ausgabe 1962. Die erste Ausgabe wurde von der Gestapo verboten, Restexemplare wurden beschlagnahmt.
Nietzsche an … Overbeck – Franz Overbeck (1837–1905) war der engste Freund Nietzsches, ein evangelischer (religions- und theologiekritischer) Theologe, der in Basel fünf Jahre im selben Miethaus wohnte und sich auch noch während Nietzsches Krankheit um ihn kümmerte. Kästner hat das Zitat in Orthografie und Interpunktion verändert.
S. 184 *wie Hasenclever, Benjamin, Toller und Tucholsky* – Der expressionistische Lyriker und Dramatiker Walter Hasenclever (1890–1949) vergiftete sich im französischen Internierungslager Les Milles; der Philosoph Walter Benjamin (1892–1940) nahm sich mit einer Überdosis Morphium an der Grenzstation Portbou das Leben, auf der Flucht von Frankreich nach Spanien. Ernst Toller (1893–1939), einer der Revolutionäre der bayerischen Räterepublik und expressionistischer Dramatiker, erhängte sich in seinem Hotelzimmer in New York. Ob Kurt Tucholsky tatsächlich 1935 im schwedischen Hindås Selbstmord begangen hat, ist ungewiss; es kann sich auch um eine versehentlich zu hohe Selbstmedikamentierung gehandelt haben.
S. 185 *mein »staatsgefährdendes« Gedicht* – Kästner hat seiner Lebensge-

fährtin Luiselotte Enderle erzählt, es habe sich um ein altes *Montag-Morgen*-Gedicht gehandelt; aus einer Gedichtreihe also, die für den Tag und auf Tageszeitungsmeldungen hin geschrieben worden war (vgl. Enderle: Erich Kästner in Selbstzeugnissen und Bilddokumenten, Reinbek 1966, S. 64).
S. 187 *Dr. Wissmann* – Heinz Wismann, vgl. Kommentar zu S. 187.
S. 188 *einem höheren Beamten* – nicht identifiziert.
S. 189 *Heinrich Heine-Universität* – Die Umbenennung der Düsseldorfer Universität in »Heinrich-Heine-Universität« fand erst 1988 statt; der Philosoph, Wissenschaftstheoretiker und zeitweilige Universitätsrektor Alwin Diemer (1920–1986) hatte den ersten geisteswissenschaftlichen Lehrstuhl der Universität inne.

ÜBER DIE SCHULEN MEINER KINDHEIT ...

Wahlanzeige für die SPD; ED in: *Abendzeitung* (München), 2.10.1970, S. 9; kein ND.
Mit dieser Anzeige verursachte Kästner noch einmal einen kleinen Skandal; Kirchenzeitungen und der *Bayernkurier* beschimpften ihn als senil und »fett«, er benutze Klischees aus der Mottenkiste des Kulturkampfes. Lehrerinnen und Lehrer sammelten Unterschriften und schrieben ihm eine Protestnote, in der sie sich über die »primitiv-invektive Art« seiner Äußerungen »über die Schule, die Lehrer und ihre Unterrichtsmethoden« beschweren, so das Münchner Adolf-Weber-Gymnasium an Kästner (Nachlass im DLA). Günter Rudorf bescheinigte Kästner im Berliner *Tagesspiegel*, mit »dieser Reaktion aus dem Rechtslager« dürfe er zufrieden sein: »Von dort blies ihm der Wind immer entgegen« (*Kästner contra CSU. Ein Moralist im Schatten bayerischer Kirchtürme*, 21.2.1971).